英語論文数字表現

安原和也 著

三修社

はしがき

　本書は、英語学術論文を読解したり執筆したりする際に、文理の別を問わずどの学術分野の研究者でも必ず知っておかなければならない最低限の英語数字表現を、機能項目ごとに、コンパクトに且つ網羅的にまとめた一冊である。書名に示されるように、見出しの数字表現は厳選された717（＋1）表現であるが、見出し表現と置き換えて使用可能な類似表現や、見出し表現と接点のある関連表現も豊富に併記されてあるので、本書全体では、見出しの717（＋1）表現をはるかに上回る約5,000例にも及ぶ多種多様な英語数字表現を学習していくことができる。英語論文のための数字表現と聞くと、日常生活の中の英語数字表現よりも格式が高く難しいイメージを抱く学習者も多いかも知れないが、その基礎となる英語表現法は、実のところ、両者で大きく異なっているという訳ではない。しかしながら、英語数字表現に苦手意識を持つ英語論文初心者も、比較的多いのもまた事実である。そこで本書では、英語論文初心者が英語論文に頻出する基礎的な数字表現をできる限りスムーズに習得できるように、専門性の高い特殊語彙の使用を控えつつ、それでいて学術的観点からも健全な表現例や例文を豊富に収録している。これにより、特定の学術分野の深い知識を一切必要とせずに、誰でも比較的容易にその英語数字表現の理解（すなわち、その数字表現をどのように使うのか）に到達できるようになっている。くわえて、巻末には、英語と日本語の両言語からの豊富なキーワード検索（[日本語] 約800項目，[英語] 約720項目）も収録してあるので、論文読解時や論文執筆時の数字表現の検索もかなり容易に行うことができる。

　本書の姉妹編である『英語論文基礎表現717』と『英語論文重要語彙717』とともに、本格的な英語論文表現の習得を目指したい英語論文初心者の学部学生や大学院生の手元で、本書が頻繁に活用されることを期待したい。また、本書は、英語論文に頻出する数字表現のインプット用学習教材や英語論文の読解・執筆時の参考書であるのみならず、難関大学受験や大学院入試に向けての英語数字表現の基礎学習にも、積極的な活用を期待したい。

　最後に、本書の企画から編集に至るまで本書の出版に向けてご尽力を頂いた、三修社の斎藤俊樹氏に、心よりお礼を申し上げたい。

2015年3月 名古屋にて
著　者

●本書の構成について

本書の全 717（＋ 1）の見出し表現は、すべて以下の要領で構成されます。

> **見出し整理番号** □ 見出し表現（英語）：見出し表現（日本語）
> 英語例文
> （英語例文の日本語訳）
> **発音** 見出し表現内の重要語彙について、その発音記号を提示
> **メモ** 見出し表現を理解する上での参考情報を提示
> 類似表現：見出し表現と置き換え可能な英語表現を提示
> 　　　　　（意味は同じなので日本語訳はなし）
> 関連表現：見出し表現と接点のある関連表現を提示
> 　　　　　（意味が異なるので日本語訳も併記）

なお、見出し表現・類似表現・関連表現の一部には、代替要素として ABC（名詞表現）, XYZ（名詞表現）, S+V（文表現）, to do（不定詞表現）, doing（動名詞表現）といった略記が使用されている場合がありますので、注意してください。

《構成の一例》

> **063** □ **50 hectares**：50 ヘクタール
> The farm has an area of **50 hectares**.
> （その農場は 50 ヘクタールの面積がある。）
> **発音** hectare /héktear/
> **メモ** 1 hectare = 10,000 m^2
> 類似表現：50 ha
> 関連表現：one hectare（1 ヘクタール）
> 　　　　　8,000 ha（8,000 ヘクタール）
> 　　　　　about 10 hectares（約 10 ヘクタール）
> 　　　　　200 hectares of land（200 ヘクタールの土地）

●キーワード検索（巻末参照）について

日本語と英語の両言語からのキーワード検索が、巻末に収録されています。centimeter や「センチ（メートル）」などの語レベルのキーワードから、必要な数字表現をスムーズに探し出すことができます。ただし、キーワード検索に掲載された数字は、そのキーワードが掲載されたページ数を表わしているのではなく、そのキーワードを含んだ数字表現を掲載している「見出し整理番号」を表わしている点に注意してください。

目 次

はしがき …………………………………………………… 3
本書の構成について ……………………………………… 4
キーワード検索について ………………………………… 4

英語論文数字表現 717（＋1）

- 基本数字 ………………………………………………… 6
- 期間単位 ………………………………………………… 8
- 通貨単位 ………………………………………………… 12
- 測定単位 ………………………………………………… 16
- 概数表現 ………………………………………………… 43
- 数学概念 ………………………………………………… 50
- 測定表現 ………………………………………………… 68
- 度数表現 ………………………………………………… 81
- 速度表現 ………………………………………………… 87
- 倍率表現 ………………………………………………… 90
- 世紀表現 ………………………………………………… 91
- 年月日 …………………………………………………… 100
- 期間表現 ………………………………………………… 111
- 年齢表現 ………………………………………………… 124
- 割合表現 ………………………………………………… 128
- 頻度表現 ………………………………………………… 142
- 比較表現 ………………………………………………… 145
- 動詞表現 ………………………………………………… 150
- 名詞表現 ………………………………………………… 173
- 副詞表現 ………………………………………………… 199
- 構文表現 ………………………………………………… 210
- 地理関係 ………………………………………………… 211
- 論文構成表現 …………………………………………… 214

キーワード検索（日本語）………………………………… 223
キーワード検索（英語）…………………………………… 230

基本数字

001 □ two dozen countries：24か国

This custom spread to **two dozen countries**.
（この慣習は 24 か国に広まった。）

発音 dozen /dʌ́zn/（12）

類似表現：24 countries

関連表現：half a dozen articles（6 本の論文）
two dozen books（24 冊の本）
approximately a dozen experts（約 12 人の専門家）
at least three dozen scholars（少なくとも 36 人の学者）

002 □ three hundred simulations：300回の模擬実験

At least **three hundred simulations** were conducted.
（少なくとも 300 回の模擬実験が行われた。）

発音 hundred /hʌ́ndrəd/（100）

類似表現：300 simulations

関連表現：about two hundred scientists（約 200 人の科学者）
several hundred meters（数百メートル）
a hundred years ago（100 年前に）
one hundred times（100 回）

003 □ two thousand researchers：2000人の研究者

More than **two thousand researchers** participated in the conference.
（2000 人超の研究者がその大会に参加した。）

発音 thousand /θáuzənd/（1000）

類似表現：2000 researchers

関連表現：ten thousand yen（1 万円）
a hundred thousand dollars（10 万ドル）
several thousand times（数千回）
for a thousand years（1000 年の間）
seven hundred thousand（70 万（700,000））
two hundred forty-seven thousand（24 万 7 千（247,000））

004 □ 2.4 million：240万

The total population exceeds **2.4 million**.

（全人口は 240 万人を超えている。）

発音 million /míljən/（100 万）

関連表現：a half million（50 万）
　　　　　　one million（100 万）
　　　　　　twenty-two million（2200 万）
　　　　　　around 2 million words（約 200 万語）
　　　　　　30 million dollars（3000 万ドル）
　　　　　　150 million people（1 億 5000 万人）
　　　　　　a million copies（100 万部）

005 □ $16 billion：160 億ドル

The present value is almost **$16 billion**.
（現在の価値としては、ほぼ 160 億ドルである。）

発音 billion /bíljən/（10 億）

類似表現：16 billion dollars
関連表現：7 billion yen（70 億円）
　　　　　　2.4 billion people（24 億人）
　　　　　　the remaining $24 billion（残りの 240 億ドル）
　　　　　　nearly €500 billion（ほぼ 5000 億ユーロ）
　　　　　　2 billion times a year（1 年に 20 億回）
　　　　　　over several billion years（数十億年にわたって）
　　　　　　one billion（10 億）
　　　　　　seventy-five billion（750 億）

006 □ 5 trillion yen：5 兆円

This debt amounted to **5 trillion yen**.
（この負債は 5 兆円にのぼった。）

発音 trillion /tríljən/（1 兆）

類似表現：five trillion yen
関連表現：one trillion yen（1 兆円）
　　　　　　about $20 trillion（約 20 兆ドル）
　　　　　　more than $3 trillion（3 兆ドル以上）
　　　　　　about 70 trillion cells（約 70 兆個の細胞）
　　　　　　thirty-two trillion（32 兆）
　　　　　　five hundred trillion（500 兆）
　　　　　　one thousand trillion（1000 兆）

基本数字

期間単位

007 □ one millennium：1000年

The system lasted for over **one millennium**.
(その制度は 1000 年以上続いた。)

発音【単数】millennium /miléniəm/【複数】millennia /miléniə/（1000 年）

類似表現：1000 years, one thousand years, a thousand years

関連表現：three millennia（3000 年）
　　　　　　a few millennia（数千年）
　　　　　　for two millennia（2000 年間）
　　　　　　for nearly three millennia（約 3000 年間）
　　　　　　for millennia（何千年もの間）
　　　　　　over several millennia（数千年にわたって）
　　　　　　over the last millennium（過去 1000 年にわたって）
　　　　　　during the past millennium（過去 1000 年の間に）

008 □ two centuries：200年，2世紀

It has a history of at least **two centuries**.
(それには、少なくとも 200 年の歴史がある。)

発音 century /séntʃəri/（100 年）

類似表現：2 centuries, two hundred years, 200 years

関連表現：more than three centuries（300 年以上）
　　　　　　the first 5 centuries（最初の 500 年）
　　　　　　two centuries of history（200 年の歴史）
　　　　　　half a century ago（50 年前に）
　　　　　　a half-century ago（50 年前に）
　　　　　　a century ago（100 年前に）
　　　　　　for about 4 centuries（約 400 年間）
　　　　　　over the past two centuries（過去 200 年にわたって）
　　　　　　for many centuries（何世紀もの間）

009 □ two decades：20年

This research began about **two decades** ago.
(この研究は約 20 年前に始まった。)

発音 decade /dékeid, dikéid/（10 年）

類似表現：twenty years, 20 years
関連表現：five decades（50 年）

the last two decades（最後の20年）
three decades ago（30年前に）
half a decade ago（5年前に）
three decades later（30年後）
for more than three decades（30年以上の間）
throughout these two decades（この20年間を通して）
in the first few decades（最初の数十年で）
in the three decades between 1971 and 2000
　（1971年から2000年までの30年で）
over decades of years（何十年にもわたって）
over the decades（数十年にわたって）

010 ☐ **six years**：6年

The maximum period is **six years**.
（その最大期間は6年である。）

発音　year /jíər/（年）

類似表現：6 years
関連表現：at least 20 years（少なくとも20年）
　　　　　a few years ago（数年前に）
　　　　　a couple of years ago（数年前に）
　　　　　after eight years of research（8年にわたる研究の後に）
　　　　　a three-year program（3年間のプログラム）
　　　　　a three-year study（3年にわたる研究）
　　　　　this four-year plan（この4か年計画）
　　　　　a 5-year study period（5年にわたる研究期間）
　　　　　a four-year university（4年制大学）
　　　　　50 years of research（50年にわたる研究）
　　　　　in the third year（3年目に）
　　　　　for many years（長年）
　　　　　for years（何年もの間）
　　　　　have a history of at least 5000 years（少なくとも5000年の歴史がある）
　　　　　read 300 articles a year（1年に30本の論文を読む）

011 ☐ **five months**：5か月

However, it took **five months** to complete the survey.
（しかしながら、その調査を仕上げるのには5か月を要した。）

発音　month /mʌ́nθ/（月）

類似表現：5 months

英語論文数字表現 **717**

関連表現：4 to 7 months（4-7か月）
　　　　　about six months（約6か月）
　　　　　up to six months（最大で6か月）
　　　　　a couple of months ago（数か月前に）
　　　　　during the first several months（最初の数か月間で）
　　　　　a 3-month period（3か月の期間）
　　　　　$40 a month（1月に40ドル）

012 ☐ three weeks：3週，3週間

At least **three weeks** are needed for the analysis.
（その分析には少なくとも3週間が必要である。）

発音 week /wíːk/（週）

類似表現：3 weeks
関連表現：another three weeks（もう3週）
　　　　　approximately 6 weeks（約6週）
　　　　　for a minimum of 4 weeks（最低でも4週間）
　　　　　a 2-week period of preparation（2週間の準備期間）
　　　　　be limited to 3-4 weeks（3-4週に限定される）

013 ☐ 3 days：3日

However, the average life span is about **3 days**.
（しかしながら、その平均寿命は約3日である。）

発音 day /déi/（日）

類似表現：three days
関連表現：almost two days（ほぼ2日）
　　　　　at least 3-5 days（少なくとも3-5日）
　　　　　as long as five days（5日も）
　　　　　3 months and 20 days（3か月と20日）
　　　　　a two-day conference（2日間の大会）
　　　　　a 3-day workshop（3日間のワークショップ）
　　　　　a three-day survey（3日間にわたる調査）
　　　　　for more than 150 days（150日以上の間）
　　　　　for 8 hours a day（1日に8時間）
　　　　　beyond 150 days（150日を超えて）

014 ☐ 0.5 hours：0.5時間

On average, the duration is **0.5 hours**.

(平均すると、その持続時間は 0.5 時間である。)

発音 hour /áuər/（時間）

類似表現：0.5 hr

関連表現：one and a half hours（1時間 30 分）
　　　　　　about two and half hours（約2時間 30 分）
　　　　　　about half an hour（約 30 分）
　　　　　　only 6 hours（6時間だけ）
　　　　　　up to three or four hours（最大で3時間か4時間）
　　　　　　an average of 7 hours（平均7時間）
　　　　　　a five-hour time difference（5時間の時差）
　　　　　　a 3-hour time difference（3時間の時差）
　　　　　　a 24-hour pharmacy（24 時間営業の薬局）
　　　　　　for hours（何時間も）
　　　　　　for an hour（1時間）
　　　　　　for an hour and a half（1時間半の間）
　　　　　　for 2 hours a day（1日に2時間）
　　　　　　in the first five hours（最初の5時間で）

015 ☐ 5 minutes：5分

In Experiment 2, the interval was **5 minutes**.
(実験2では、その間隔は5分であった。)

発音 minute /mínit/（分）

類似表現：five minutes, 5 min

関連表現：approximately 10 minutes（約 10 分）
　　　　　　five hours and ten minutes（5時間 10 分）
　　　　　　a 30-minute presentation（30 分の発表）
　　　　　　be limited to 10 minutes（10 分に制限される）
　　　　　　for about half a minute（約 30 秒間）

016 ☐ 6.7 seconds：6.7秒

The average time was approximately **6.7 seconds**.
(平均タイムは約 6.7 秒であった。)

発音 second /sékənd/（秒）

類似表現：6.7 s

関連表現：ninety seconds（90 秒）
　　　　　　about 10 to 15 seconds（約 10-15 秒）
　　　　　　about 0.24 seconds（約 0.24 秒）
　　　　　　20 seconds or longer（20 秒以上）

a 25-second video（25 秒の映像）
a five-second delay（5 秒の遅れ）
millions of times a second（1 秒に数百万回）
be 10 seconds long（長さが 10 秒である）

017 ☐ **5 milliseconds**：5 ミリ秒

The delay is about **5 milliseconds**.
(遅延は約 5 ミリ秒である。)

発音 millisecond /mílisèkənd/（ミリ秒）

類似表現：5 ms, 5 msec
関連表現：100 milliseconds（100 ミリ秒）
approximately 80 ms（約 80 ミリ秒）
every 50 ms（50 ミリ秒ごとに）
300 milliseconds of silence（300 ミリ秒の沈黙）
for 10 milliseconds（10 ミリ秒の間）
average 80.3 ms（平均して 80.3 ミリ秒である）
be less than 1 ms（1 ミリ秒未満である）

通貨単位

018 ☐ **2 billion dollars**：20 億ドル

Its economic impact reached **2 billion dollars** in 2010.
(その経済効果は、2010 年には 20 億ドルに達した。)

発音 dollar /dάlər/（ドル）

類似表現：two billion dollars, $2 billion
関連表現：approximately $7,000（約 7,000 ドル）
around 30 dollars（約 30 ドル）
another 800 dollars（さらに 800 ドル）
the value of $500（500 ドルの価値）
3,000 US dollars（3,000 米ドル）
US$ 1 million（100 万米ドル）
HK$120（120 香港ドル）
AU$700（700 豪ドル）
NZ$1200（1200 ニュージーランドドル）
C$530（530 カナダドル）
for less than a dollar（1 ドル未満で）
at $13 per hour（時給 13 ドルで）

be more than $100（100 ドルを上回っている）
invest $9,000（9,000 ドルを投資する）
lower the price by $3（その値段を3ドル下げる）
have a price of $200（200 ドルの値段が付いている）

019 □ 25 cents：25セント

The price is 50 dollars and **25 cents**.
（その値段は 50 ドル 25 セントである。）

発音 cent /sént/（セント）

類似表現：twenty-five cents

関連表現：more than 50 cents（50 セント以上）
at least 70 cents（少なくとも 70 セント）
pay 20 cents（20 セントを支払う）
$35.20（35 ドル 20 セント）
an increase of about 5 cents（約5セントの増加）

020 □ 5 million euros：500万ユーロ

The latter amounts to **5 million euros**.
（後者は 500 万ユーロに達している。）

発音 euro /júərou/（ユーロ）

類似表現：five million euros, €5 million

関連表現：one euro（1ユーロ）
fifty euros（50 ユーロ）
a hundred euros（100 ユーロ）
about 5,000 euros（約 5,000 ユーロ）
billions of euros（何十億ユーロ）
cost €150（150 ユーロかかる）

021 □ 2 million yen：200万円

The sales amounted to **2 million yen** in the year 2009.
（その売り上げは、2009 年には 200 万円に達した。）

発音 yen /jén/（円）

類似表現：two million yen, ¥2,000,000

関連表現：half a million yen（50 万円）
more than 3 billion yen（30 億円以上）
approximately 6 trillion yen（約6兆円）
at a uniform price of 100 yen each（100 円均一で）

通貨単位

022 ☐ **200 pounds**：200ポンド

The price rose to **200 pounds**.
(その値段は 200 ポンドに上がった。)

発音 pound /páund/ (ポンド)

類似表現：two hundred pounds, £200
関連表現：£700 (700 ポンド)
　　　　　three thousand pounds (3,000 ポンド)
　　　　　about 30 pounds (約 30 ポンド)
　　　　　3 pounds and 35 pence (3 ポンド 35 ペンス, £3.35)
　　　　　two pence (2 ペンス)

023 ☐ **5,000 rubles**：5,000ルーブル

A fine of up to **5,000 rubles** may be imposed.
(最大で 5,000 ルーブルの罰金が課されるかもしれない。)

発音 ruble (rouble) /rú:bl/ (ルーブル)

類似表現：5,000 roubles, five thousand rubles, five thousand roubles
関連表現：500-900 rubles (500-900 ルーブル)
　　　　　6 billion rubles (60 億ルーブル)
　　　　　at least 7,000 rubles (少なくとも 7,000 ルーブル)
　　　　　cost about 300 rubles (約 300 ルーブルかかる)

024 ☐ **9,820 pesos**：9,820ペソ

The average monthly salary was **9,820 pesos**.
(その平均月給は 9,820 ペソであった。)

発音 peso /péisou/ (ペソ)

関連表現：approximately 2000 pesos (約 2000 ペソ)
　　　　　a profit of 520 pesos (520 ペソの利益)
　　　　　be worth 7000 pesos (7000 ペソの価値がある)
　　　　　invest 50,000 pesos (50,000 ペソを投資する)

025 ☐ **5,000 francs**：5,000フラン

The price soared to **5,000 francs**.
(その価格が 5,000 フランに急上昇した。)

発音 franc /frǽŋk/ (フラン)

類似表現：five thousand francs
関連表現：4.4 francs (4.4 フラン)

　　　　　ten thousand francs（1万フラン）
　　　　　about 70 francs（約 70 フラン）
　　　　　approximately 5 million francs（約 500 万フラン）

026 □ **200 yuan**：200元

The price also rose to **200 yuan**.
（その値段も 200 元に上がった。）

発音 yuan /juːɑ́ːn/（元）

類似表現：two hundred yuan
関連表現：1700 yuan（1700 元）
　　　　　about 500 yuan（約 500 元）
　　　　　reach 5 billion yuan（50 億元に達する）
　　　　　earn 800 yuan a month（月に 800 元稼ぐ）

027 □ **20,000 won**：20,000ウォン

It is worth **20,000 won**.
（それには 20,000 ウォンの価値がある。）

発音 won /wɔ́n/（ウォン）

類似表現：twenty thousand won, ₩20,000
関連表現：about 50,000 won（約 50,000 ウォン）
　　　　　from 2,000 won to 2,500 won（2,000 ウォンから 2,500 ウォンに）
　　　　　buy it for 15,000 won（15,000 ウォンでそれを購入する）
　　　　　cost 8,000 won（8,000 ウォンかかる）

028 □ **50,000 rupees**：50,000ルピー

In addition, **50,000 rupees** were donated.
（加えて、50,000 ルピーが寄付された。）

発音 rupee /ruːpíː/（ルピー）

類似表現：fifty thousand rupees, Rs 50,000
関連表現：around 250 rupees（約 250 ルピー）
　　　　　one billion rupees（10 億ルピー）
　　　　　a loss of 300 rupees（300 ルピーの損失）
　　　　　earn 500 rupees a day（1日に 500 ルピーを稼ぐ）

029 □ **4000 baht**：4000バーツ

The rent is **4000 baht** per month.

（家賃は月々4000バーツである。）

発音　baht /bάːt/（バーツ）

類似表現：four thousand baht

関連表現：20 baht（20バーツ）
　　　　　　2 trillion baht（2兆バーツ）
　　　　　　around 10,000 baht（約1万バーツ）
　　　　　　pay 2,000 baht（2,000バーツを支払う）

測定単位

030 □ 3.6 nanometers：3.6ナノメートル

The diameter is only **3.6 nanometers**.
（その直径はたったの3.6ナノメートルである。）

発音　nanometer /nǽnəmìːtər/

メモ　1 nm = 10^{-9}m

類似表現：3.6 nm

関連表現：one nanometer（1ナノメートル）
　　　　　　50 to 80 nanometers（50-80ナノメートル）
　　　　　　about 150 nanometers（約150ナノメートル）
　　　　　　approximately 420 nm（約420ナノメートル）
　　　　　　a wavelength range of 200 to 400 nm（200-400ナノメートルの波長範囲）
　　　　　　be 25 nm in diameter（直径が25ナノメートルである）
　　　　　　at 250 nm（250ナノメートルで）
　　　　　　at 500-nm light（500ナノメートルの光で）

031 □ a micrometer：1マイクロメートル

A micrometer is equal to one millionth of a meter.
（1マイクロメートルは1mの100万分の1に等しい。）

発音　micrometer /máikrəmìːtər/

メモ　1 μm = 10^{-6}m

類似表現：1 μm

関連表現：30.8 micrometers（30.8マイクロメートル）
　　　　　　be approximately 8 μm（約8マイクロメートルである）
　　　　　　a radius of 0.5 μm（0.5マイクロメートルの半径）
　　　　　　7 micrometer bubbles（7マイクロメートルの泡）

032 □ **1.5 millimeters**：1.5ミリ（メートル）

The thickness of the membrane is about **1.5 millimeters**.
（その膜の厚さは約 1.5 ミリである。）

発音 millimeter /mílimìːtər/

類似表現：1.5 mm

関連表現：approximately 10 millimeters（約 10 ミリ）
　　　　　　from one to eight millimeters（1 ミリから 8 ミリまで）
　　　　　　a tenth of a millimeter（1 ミリの 1/10）
　　　　　　a diameter of more than 3 mm（3 ミリ以上の直径）
　　　　　　be 30 mm in length（長さが 30 ミリである）

033 □ **12.7 centimeters**：12.7センチ（メートル）

The length of the leaf is **12.7 centimeters**.
（その葉の長さは 12.7 センチである。）

発音 centimeter /séntimìːtər/

類似表現：12.7 cm

関連表現：about 2.5 centimeters（約 2.5 センチ）
　　　　　　a 25-cm ruler（25 センチの定規）
　　　　　　the 10 cm layer（その 10 センチの層）
　　　　　　be 5 cm in diameter（直径が 5 センチである）
　　　　　　every 3 centimeters（3 センチごとに）
　　　　　　30 cm away from B（B から 30 センチ離れて）
　　　　　　have a base of 10 cm（底辺が 10 センチである［三角形］）
　　　　　　be 2 centimeters short（2 センチ足りない）

034 □ **70 meters**：70メートル

The depth of the pond is about **70 meters**.
（その池の深さは約 70 メートルである。）

発音 meter /míːtər/

類似表現：70 m

関連表現：half a meter（50 センチ）
　　　　　　up to 1500 meters（最大で 1500 メートル）
　　　　　　as far as 20 meters away（20 メートル先まで）
　　　　　　a 3-meter string（3 メートルのひも）
　　　　　　be two meters high（高さが 2 メートルである）
　　　　　　be about 7 m wide（幅が約 7 メートルである）
　　　　　　swim 100 meters（100 メートルを泳ぐ）

測定単位

英語論文数字表現 **717**

035 ☐ **10 kilometers**：10キロ（メートル）

The distance is about **10 kilometers**.
（その距離は約 10 キロである。）

発音 kilometer /kilɔ́mətər, kíləmìːtər/
類似表現：10 km
関連表現：42.195 kilometers（42.195 キロ）
　　　　　　20 to 30 kilometers（20-30 キロ）
　　　　　　about 55 km（約 55 キロ）
　　　　　　approximately 50 kilometers（約 50 キロ）
　　　　　　a 10-kilometer route（10 キロの経路）
　　　　　　within about 10 km（約 10 キロ以内に）
　　　　　　fly 10 km（10 キロを飛行する）

036 ☐ **26 inches**：26インチ

The diameter of the circle is **26 inches**.
（その円の直径は 26 インチである。）

発音 inch /íntʃ/
メモ 1 inch = 2.54 cm
関連表現：one inch（1インチ）
　　　　　　some 15 inches（約 15 インチ）
　　　　　　7 feet 3 inches（7 フィート 3 インチ）
　　　　　　be 4 inches in length（長さが 4 インチである）
　　　　　　be 5 to 6 inches deep（5-6 インチの深さがある）
　　　　　　a 24-inch monitor（24 インチのモニター）

037 ☐ **3.28 feet**：3.28フィート

As mentioned above, one meter equals **3.28 feet**.
（先述の通り、1 メートルは 3.28 フィートである。）

発音【単数】foot /fút/【複数】feet /fíːt/
メモ 1 foot = 30.48 cm
関連表現：one foot（1フィート）
　　　　　　over 10 feet（10 フィート以上）
　　　　　　9 feet 2 inches（9 フィート 2 インチ）
　　　　　　a height of eight feet（8 フィートの高さ）
　　　　　　2000 square feet（2000 平方フィート）

038 ☐ **1.2 yards**：1.2ヤード

The girth of the tree trunk is approximately **1.2 yards**.
（その木の幹の周囲は約 1.2 ヤードである。）

発音 yard /jάːrd/

メモ 1 yard = 0.9144 m

関連表現：about 8 yards（約 8 ヤード）
　　　　　be 300 yards long（長さが 300 ヤードである）
　　　　　a yard of string（1 ヤードのひも）
　　　　　20 square yards（20 平方ヤード）

039 □ **210 miles**：210マイル

The distance was about **210 miles**.
（その距離は約 210 マイルであった。）

発音 mile /máil/

メモ 1 mile ≒ 1.609 km

関連表現：about a mile（約 1 マイル）
　　　　　a couple of miles（数マイル）
　　　　　a distance of 900 miles（900 マイルの距離）
　　　　　a 3-mile circle（3 マイルの円）
　　　　　millions of miles（数百万マイル）
　　　　　500 square miles（500 平方マイル）
　　　　　50 miles per hour（時速 50 マイル）
　　　　　be about 10 miles away（約 10 マイル離れている）

040 □ **500 angstroms**：500オングストローム

The thickness is about **500 angstroms**.
（その厚さは約 500 オングストロームである。）

発音 angstrom /ǽŋstrəm/

メモ 1 angstrom = 10^{-10} m

類似表現：500 Å

関連表現：1 angstrom（1 オングストローム）
　　　　　approximately 300 angstroms（約 300 オングストローム）
　　　　　a thickness of 800 Å（800 オングストロームの厚さ）

041 □ **2.5 microns**：2.5ミクロン

These particles are **2.5 microns** in diameter.
（これらの粒子は、直径が 2.5 ミクロンである。）

発音 micron /máikrɔn/

英語論文数字表現 717

メモ 1 micron = 10^{-6} m
類似表現：2.5 μ
関連表現：one micron（1 ミクロン）
　　　　　　about 10-20 microns（約 10-20 ミクロン）
　　　　　　a 20-micron filter（20 ミクロンのフィルター）
　　　　　　be 400 microns long（長さが 400 ミクロンである）
　　　　　　be less than 10 microns（10 ミクロン未満である）

042 □ one nautical mile：1 海里

One nautical mile is 1.852 kilometers.
（1 海里は 1.852 キロメートルである。）
発音 nautical mile /nɔ́:tikəl máil/
メモ 1 海里 = 1852 m
類似表現：a nautical mile, 1 nautical mile
関連表現：16 nautical miles（16 海里）
　　　　　　at least 200 nautical miles（少なくとも 200 海里）
　　　　　　3 nautical miles per hour（時速 3 海里）
　　　　　　at 120 nautical miles per hour（時速 120 海里で）

043 □ 20 astronomical units：20 天文単位

The distance is about **20 astronomical units**.
（その距離は約 20 天文単位である。）
発音 astronomical unit /æstrənɔ́mikəl júːnit/
メモ 1 天文単位 = 1 億 4960 万 km
類似表現：twenty astronomical units, 20 au
関連表現：1 astronomical unit（1 天文単位）
　　　　　　8.28 astronomical units（8.28 天文単位）
　　　　　　roughly 30 au（約 30 天文単位）
　　　　　　a distance of 5 au（5 天文単位の距離）

044 □ 2 million light years：200 万光年

The distance is about **2 million light years**.
（その距離は約 200 万光年である。）
発音 light year /láit jíər/
メモ 1 光年 ≒ 9 兆 4600 億 km
類似表現：two million light years
関連表現：a light year（1 光年）

about half a light year（約 0.5 光年）
approximately 100,000 light years（約 10 万光年）
be about 20 light years away（約 20 光年離れている）

045 ☐ **400 micrograms**：400マイクログラム

It is necessary to consume at least **400 micrograms** of folic acid.
（少なくとも 400 マイクログラムの葉酸を消費する必要がある。）

発音 microgram /máikrəgræm/
メモ 1 μg = 10^{-6} g
類似表現：400 μg
関連表現：one microgram（1マイクログラム）
about 10 μg（約 10 マイクログラム）
30 micrograms of alcohol（30 マイクログラムのアルコール）
weigh 600 μg（600 マイクログラムの重さがある）

046 ☐ **12 milligrams**：12ミリグラム

The amount of iron is **12 milligrams**.
（鉄分の量は 12 ミリグラムである。）

発音 milligram /míligræm/
類似表現：12 mg
関連表現：20.8 mg（20.8 ミリグラム）
about 100 milligrams（約 100 ミリグラム）
approximately 800 mg（約 800 ミリグラム）
about 1 mg of iron（約1ミリグラムの鉄分）
a 50-mg sample（50 ミリグラムの検体）

047 ☐ **200 grams**：200グラム

The weight of the meat is about **200 grams**.
（その肉の重さは約 200 グラムである。）

発音 gram /græm/
類似表現：200 g
関連表現：about 100 g（約 100 グラム）
300 grams of beef（300 グラムの牛肉）
10 g of sugar（10 グラムの砂糖）
10.5 g of oxygen（10.5 グラムの酸素）
a few grams of sugar（数グラムの砂糖）
from 30 to 80 g（30 グラムから 80 グラムまで）

weigh 61 grams（61 グラムの重さがある）
be less than 500 g（500 グラム未満である）
be short by 1.2 g（1.2 グラム足りない）

048 □ **120 kilograms**：120キログラム

The weight of the stone statue is approximately **120 kilograms**.
（その石像の重さは約 120 キロである。）

発音 kilogram /kíləgræm/

類似表現：120 kg

関連表現：roughly 0.5 kilograms（約 0.5 キロ）
one kilogram of pork（1キロの豚肉）
a maximum weight of 10 kg（10 キロの最大重量）
10 kilograms or over（10 キロ以上）
weigh 5 kg（5キロの重さがある）

049 □ **3 tons**：3トン

The rock weighs about **3 tons.**
（その岩は約3トンの重さがある。）

発音 ton /tʌ́n/

メモ 1 ton = 1000 kg

類似表現：3 tonnes, 3 t

関連表現：approximately 7.2 tons（約 7.2 トン）
about 100 tons（約 100 トン）
around 2000 t（約 2000 トン）
a ton of charcoal（1トンの木炭）
10 tons of sugar（10 トンの砂糖）
amount to 1000 tons（1000 トンにのぼる）

050 □ **7 ounces**：7オンス

It weighs about **7 ounces**.
（それは約 7 オンスの重さがある。）

発音 ounce /áuns/

メモ 1 ounce = 28.35 g

類似表現：7 oz

関連表現：approximately 9 oz（約9オンス）
12 ounces of water（12 オンスの水）
weigh one ounce（1オンスの重さがある）

reach 3.5 ounces (3.5 オンスに達する)

051 □ 20 pounds：20 ポンド

The weight of the rock is about **20 pounds**.
(その岩石の重量は約 20 ポンドである。)

発音 pound /páund/
メモ 1 pound ≒ 453.6 g
関連表現：one pound (1 ポンド)
about 2.3 pounds (約 2.3 ポンド)
5 pounds of salt (5 ポンドの塩)
weigh 200 pounds (200 ポンドの重さがある)

052 □ 12 grams-force：12グラム重

The recommended value is **12 grams-force**.
(推奨値は 12 グラム重である。)

発音 gram-force /grǽmfɔ̀:rs/
類似表現：twelve grams-force, 12 gf
関連表現：one gram-force (1 グラム重)
120 gf (120 グラム重)
about 20 grams-force of pressure (約 20 グラム重の圧力)
a kilogram-force (1 キログラム重)
approximately 10 kgf (約 10 キログラム重)
with a force of 10 kilograms-force (10 キログラム重の力で)

053 □ 200 milliliters：200ミリリットル

In this case, **200 milliliters** of blood would be required.
(この場合、200 ミリリットルの血液が必要とされるであろう。)

発音 milliliter /mílilì:tər/
類似表現：200 ml, 200 mL
関連表現：1 ml of water (1 ミリリットルの水)
5 milliliters of saline (5 ミリリットルの塩水)
7.0 mL of solution (7.0 mL の溶液)
40 mL of water (40 mL の水)
about 5 mL of water (約 5 mL の水)
another 5 mL (さらに 5 mL)
a sample of 50 ml (50 ミリリットルの検体)
a 25-mL flask (25 ml のフラスコ)

英語論文数字表現 **717**

20 milliliters of rain（20ミリの雨）
a rainfall of 100 millimeters an hour（1時間に100ミリの雨量）
use 100 ml（100ミリリットルを使用する）

054 □ **2 deciliters**：2デシリットル

Pour **2 deciliters** of oil into a beaker.
（2デシリットルの油をビーカーに入れる。）

発音 deciliter /désəliːtər/

類似表現：2 dℓ
関連表現：one deciliter（1デシリットル）
about 3 deciliters（約3デシリットル）
5 dℓ of blood（5デシリットルの血液）
3.25 deciliters of water（3.25デシリットルの水）
per deciliter（1デシリットルにつき）

055 □ **3.7 liters**：3.7リットル

Therefore, the total amount of water is **3.7 liters**.
（したがって、水の総量は3.7リットルである。）

発音 liter /líːtər/

類似表現：3.7 ℓ, 3.7 L
関連表現：about 10 liters（約10リットル）
a liter of water（1リットルの水）
3 L of water（3リットルの水）
around 6 liters of water（約6リットルの水）
a two-liter beaker（2リットルのビーカー）

056 □ **10 kiloliters**：10キロリットル

In this experiment, **10 kiloliters** of water were used.
（この実験では、10キロリットルの水が使用された。）

発音 kiloliter /kíləliːtər/

類似表現：10 kl
関連表現：one kiloliter（1キロリットル）
about 30 kiloliters（約30キロリットル）
more than 10 kiloliters（10キロリットル以上）
5 kl of water（5キロリットルの水）

057 □ **one barrel**：1バレル

One barrel is approximately 159 liters.
（1 バレルは約 159 リットルである。）
発音 barrel /bǽrəl/
メモ 1 barrel ≒ 159 L
関連表現：7.8 barrels (7.8 バレル)
approximately 200 barrels (約 200 バレル)
a barrel of crude oil (1 バレルの原油)
10 barrels of water (10 バレルの水)
over 2000 barrels of oil (2000 バレル超の石油)

058 □ **one pint**：1 パイント

One pint is equal to 473.1765 milliliters.
（1 パイントは 473.1765 ミリリットルである。）
発音 pint /páint/
メモ 1 pint ≒ 0.47 L
類似表現：1 pint
関連表現：5 pints (5 パイント)
three pints of water (3 パイントの水)
about 10 pints of blood (約 10 パイントの血液)
more than 200 pints (200 パイント以上)

059 □ **1.057 quarts**：1.057 クオート

One liter equals **1.057 quarts**.
（1 リットルは 1.057 クオートである。）
発音 quart /kwɔ́:rt/
メモ 1 quart ≒ 0.95 L
関連表現：1 quart (1 クオート)
20 quarts (20 クオート)
3 quarts of water (3 クオートの水)
a capacity of 1.8 quarts (1.8 クオートの容量)

060 □ **180 gallons**：180 ガロン

The amount of water used is about **180 gallons**.
（使用水量は約 180 ガロンである。）
発音 gallon /gǽlən/
メモ 1 gallon ≒ 3.785 L
関連表現：264.172 gallons (264.172 ガロン)

roughly 1.6 gallons (約 1.6 ガロン)
1 gallon of water (1 ガロンの水)
a 100-gallon tank (100 ガロンの水槽)

061 □ 12 square centimeters：12平方センチメートル

The surface area of the cube is **12 square centimeters**.
(その立方体の表面積は、12 平方センチメートルである。)

発音 square centimeter /skwéər séntimìːtər/

類似表現：12 cm^2

関連表現：one square centimeter (1平方センチメートル)
3 square millimeters (3平方ミリメートル)
approximately 30 square meters (約 30 平方メートル)
about 60 square kilometers (約 60 平方キロメートル)
over a half million square kilometers (50 万平方キロメートル以上)
an area of 20 square kilometers (20 平方キロメートルの面積)

062 □ 10 ares：10アール

The price is about 20,000 yen per **10 ares**.
(その値段は、10 アールにつき約 2 万円である。)

発音 are /άːr/

メモ 1 are = 100 m^2

関連表現：2.8 ares (2.8 アール)
approximately 300 ares (約 300 アール)
20 ares of land (20 アールの土地)
about one are of farmland (約1アールの農地)

063 □ 50 hectares：50ヘクタール

The farm has an area of **50 hectares**.
(その農場は 50 ヘクタールの面積がある。)

発音 hectare /hékteər/

メモ 1 hectare = 10,000 m^2

類似表現：50 ha

関連表現：one hectare (1ヘクタール)
8,000 ha (8,000 ヘクタール)
about 10 hectares (約 10 ヘクタール)
200 hectares of land (200 ヘクタールの土地)

064 ☐ **300 acres**：300エーカー

The forests occupy about **300 acres**.
(その森林は約 300 エーカーを占めている。)

発音 acre /éikər/

メモ 1 acre ≒ 4046.8 m²

関連表現：an acre（1エーカー）
　　　　　　nearly three acres（約3エーカー）
　　　　　　over half a million acres（50万エーカー以上）
　　　　　　300 acres of land（300 エーカーの土地）
　　　　　　5,000 acres of forests（5,000 エーカーの森林）

065 ☐ **180 cubic centimeters**：180立方センチメートル

The volume of the cone is about **180 cubic centimeters**.
(その円すいの体積は、約 180 立方センチメートルである。)

発音 cubic centimeter /kjú:bik séntimì:tər/

類似表現：180 cm³

関連表現：30 cubic meters（30 立方メートル）
　　　　　　one cubic millimeter（1立方ミリメートル）
　　　　　　about 8 cubic kilometers（約8立方キロメートル）
　　　　　　500 cm³ of water（500 cm³ の水）
　　　　　　4 m³ of water（4 立方メートルの水）
　　　　　　per 1,000 m³（1,000 立方メートルにつき）
　　　　　　a 27 cm³ cube（27 立方センチメートルの立方体）

066 ☐ **500 cc**：500 cc

The blood loss was about **500 cc**.
(出血は約 500 cc であった。)

メモ cc = cubic centimeter(s)

類似表現：500 cubic centimeters

関連表現：about 700 cc of blood（約 700 cc の血液）
　　　　　　at least 200 cc（少なくとも 200 cc）
　　　　　　50 cc per minute（毎分 50 cc）
　　　　　　a 100 cc beaker（100 cc のビーカー）
　　　　　　have a cranial capacity of about 1,400 cc（約 1,400 cc の頭蓋容量がある）

067 ☐ **2.67 grams per cubic centimeter**：2.67グラム毎立方センチメートル

The density is **2.67 grams per cubic centimeter**.

測定単位

英語論文数字表現 **717**

(その密度は 2.67 グラム毎立方センチメートルである。)

発音 gram per cubic centimeter /grǽm pər kjúːbik séntimìːtər/
類似表現：2.67 g/cm³
関連表現：1.3 kilograms per cubic meter (1.3 kg/m³, 1.3 キログラム毎立方メートル)
　　　　　　 5.8 grams per cubic meter (5.8 g/m³, 5.8 グラム毎立方メートル)
　　　　　　 about 10.2 g/cm³ (約 10.2 g/cm³)
　　　　　　 a density of 980 kg/m³ (980 kg/m³ の密度)

068 □ **200 coulombs**：200クーロン

It has a charge of **200 coulombs**.
(それには 200 クーロンの電荷がある。)

発音 coulomb /kúːlɔm/
メモ 電気量の単位
類似表現：200 C
関連表現：approximately 12 coulombs (約 12 クーロン)
　　　　　　 a charge of 700 C (700 クーロンの電荷)
　　　　　　 5 C of charge (5 クーロンの電荷)
　　　　　　 10 coulombs of charge (10 クーロンの電荷)
　　　　　　 store 1 coulomb (1 クーロンを蓄える)

069 □ **50 milliamperes**：50ミリアンペア

The amperage was set to **50 milliamperes**.
(電流量は 50 ミリアンペアにセットされた。)

発音 milliampere /míliæ̀mpiər/
メモ 電流の単位, 1 A = 1000 mA
類似表現：50 mA
関連表現：1 milliampere (1 ミリアンペア)
　　　　　　 150 mA (150 ミリアンペア)
　　　　　　 about three milliamperes (約 3 ミリアンペア)
　　　　　　 a current of 90 mA (90 ミリアンペアの電流)

070 □ **20 amperes**：20アンペア

The current is about **20 amperes**.
(その電流は約 20 アンペアである。)

発音 ampere /ǽmpiər/
メモ 電流の単位, 1 A = 1000 mA
類似表現：20 A

関連表現：10 A（10 アンペア）
eighteen amperes（18 アンペア）
a current of one ampere（1 アンペアの電流）
a current of 5.2 amperes（5.2 アンペアの電流）
a current of 20 A（20 アンペアの電流）

071 ☐ **520 volts**：520ボルト

The voltage is **520 volts**.
（その電圧は 520 ボルトである。）

発音 volt /vóult/
メモ 電圧の単位
類似表現：520 V
関連表現：1 volt（1 ボルト）
about ten volts（約 10 ボルト）
a voltage of 30 V（30 ボルトの電圧）
a voltage of 50 to 100 volts（50-100 ボルトの電圧）
at 1200 V（1200 ボルトで）

072 ☐ **60 ohms**：60オーム

The resistance is around **60 ohms**.
（その電気抵抗は約 60 オームである。）

発音 ohm /óum/
メモ 電気抵抗の単位
類似表現：60 Ω
関連表現：approximately 20 Ω（約 20 オーム）
a resistance of 30Ω（30 オームの抵抗）
a coil with a resistance of 10Ω（10 オームの抵抗を持つコイル）
have a resistance of 60Ω（60 オームの抵抗がある）
a 40-ohm resistor（40 Ωの抵抗器）
a resistor of 50 ohms（50 Ωの抵抗器）
20 megaohms（20 メガオーム）
approximately 10 MΩ（約 10 メガオーム）

073 ☐ **746 watts**：746ワット

One horsepower is **746 watts**.
（1 馬力は 746 ワットである。）

発音 watt /wɔ́t/

測定単位

メモ 電力の単位 , 仕事率の単位 , 1 kW = 1000 W
類似表現：746 W
関連表現：about 40 watts（約 40 ワット）
　　　　　　800-1000 W（800-1000 ワット）
　　　　　　a 20-watt bulb（20 ワットの電球）
　　　　　　100 watts of energy（100 ワットのエネルギー）
　　　　　　500 watts of power（500 ワットの電力）
　　　　　　a power of 60 W（60 ワットの電力）

074 □ 15 kilowatts：15キロワット

This device consumes **15 kilowatts** of power per day.
（この装置は，1 日につき 15 キロワットの電力を消費する。）
発音 kilowatt /kíləwɑ̀t/
メモ 電力の単位 , 仕事率の単位 , 1 kW = 1000 W
類似表現：15 kW
関連表現：10.2 kW（10.2 キロワット）
　　　　　　a power of 50 kW（50 キロワットの電力）
　　　　　　90.3 kilowatts of energy（90.3 キロワットのエネルギー）
　　　　　　one kilowatt-hour（1キロワット時，1 kWh）
　　　　　　100 megawatts of power（100 メガワットの電力）
　　　　　　around 300 megawatts of electricity（約 300 メガワットの電気）
　　　　　　have a maximum power of 500 kW（500 キロワットの最大電力を有する）

075 □ one watt-hour：1 ワット時

One watt-hour equals 3600 joules.
（1 ワット時は 3600 ジュールに等しい。）
発音 watt-hour /wɔ́t àuər/
メモ 電力量の単位 , 仕事量の単位
類似表現：1 watt-hour, 1 Wh
関連表現：10 watt-hours（10 ワット時）
　　　　　　360 Wh（360 ワット時）
　　　　　　about 500 watt-hours of energy（約 500 ワット時のエネルギー）
　　　　　　200 kilowatt-hours（200 キロワット時）
　　　　　　1 kWh（1 キロワット時）

076 □ 150 joules：150ジュール

It stores about **150 joules** of energy.

(それは約 150 ジュールのエネルギーを蓄えている。)
- **発音** joule /dʒúːl/
- **メモ** 仕事の単位, エネルギーの単位, 1 kJ = 1000 J
- **類似表現**：150 J
- **関連表現**：one joule (1ジュール)
  approximately 2000 J (約 2000 ジュール)
  400 joules of energy (400 ジュールのエネルギー)
  5 J of work (5ジュールの仕事)

077 □ 10 kilojoules：10キロジュール

As a consequence, approximately **10 kilojoules** of energy were produced.
(その結果、約 10 キロジュールのエネルギーが生み出された。)
- **発音** kilojoule /kíːlədʒùːl/
- **メモ** 仕事の単位, エネルギーの単位, 1 kJ = 1000 J
- **類似表現**：10 kJ
- **関連表現**：172 kJ (172 キロジュール)
  20 kilojoules of heat (20 キロジュールの熱)
  60 kJ of work (60 キロジュールの仕事)
  8.23 kJ of energy (8.23 キロジュールのエネルギー)
  consume 700 kJ (700 キロジュールを消費する)

078 □ 10^7 ergs：10^7エルグ

One joule equals **10^7 ergs**.
(1 ジュールは 10^7 エルグである。)
- **発音** erg /ɚːrɡ/
- **メモ** 仕事の単位, エネルギーの単位, 1 erg = 10^{-7} J
- **関連表現**：one erg (1エルグ)
  10 million ergs (1000万エルグ)
  about 50 ergs (約 50 エルグ)
  require $1.356×10^7$ ergs ($1.356 × 10^7$ エルグを必要とする)

079 □ 200 calories：200カロリー

This cheese contains **200 calories**.
(このチーズは 200 カロリーある。)
- **発音** calorie /kǽləri/
- **メモ** 熱量の単位

測定単位

類似表現：200 cal
関連表現：about 1 calorie（約 1 カロリー）
500 calories of heat（500 カロリーの熱）
eat 1800 calories（1800 カロリーを食べる）
increase from 300 to 500 calories
（300 カロリーから 500 カロリーに増加する）

080 □ **300 kilocalories**：300キロカロリー

The energy consumed is **300 kilocalories**.
（消費されたエネルギーは、300 キロカロリーである。）

- **発音** kilocalorie /kíləkæləri/
- **メモ** 熱量の単位, 1 kcal = 1000 cal

類似表現：300 kcal
関連表現：one kilocalorie（1 キロカロリー）
about 1600 kcal（約 1600 キロカロリー）
2,800 kcal per day（1 日に 2,800 キロカロリー）
700 kilocalories of heat（700 キロカロリーの熱）
consume 20 kilocalories（20 キロカロリーを消費する）

081 □ **5 farads**：5 ファラド

It has a capacitance of **5 farads**.
（それは 5 ファラドの静電容量を持っている。）

- **発音** farad /fǽrəd/
- **メモ** 電気容量の単位, 静電容量の単位

類似表現：5 F
関連表現：one farad（1 ファラド）
10 farads（10 ファラド）
about 200 farads（約 200 ファラド）
a 1-farad capacitor（1 ファラドのコンデンサ）

082 □ **one henry**：1 ヘンリー

The inductance of this circuit is **one henry**.
（この回路のインダクタンスは 1 ヘンリーである。）

- **発音** henry /hénri/
- **メモ** インダクタンスの単位

類似表現：1 henry, 1 H
関連表現：about 0.5 henries（約 0.5 ヘンリー）

have an inductance of one henry（1ヘンリーのインダクタンスを持つ）
50 millihenries / 50 mH（50 ミリヘンリー）
0.32 microhenries / 0.32 μH（0.32 マイクロヘンリー）

083 □ one siemens：1 ジーメンス

The conductor has a conductance of **one siemens**.
（その導体は、1 ジーメンスのコンダクタンスを持っている。）
発音 siemens /síːmənz/（単複同形）
メモ コンダクタンスの単位
類似表現：1 siemens, 1 S
関連表現：0.2 siemens（0.2 ジーメンス）
2.532×10^{-3} S（2.532 × 10^{-3} ジーメンス）
340 siemens（340 ジーメンス）
have a conductance of 2 S（2 ジーメンスのコンダクタンスを持つ）

084 □ 250 newtons：250ニュートン

This produces **250 newtons** of force.
（これが 250 ニュートンの力を生み出している。）
発音 newton /njúːtn/
メモ 力の単位
類似表現：250 N
関連表現：9.8 newtons（9.8 ニュートン）
about 500 N（約 500 ニュートン）
a force of 200 newtons（200 ニュートンの力）
10 N of force（10 ニュートンの力）
20 N of air resistance（20 ニュートンの空気抵抗）
with a force of 50N（50 ニュートンの力で）
a 10 kN force（10 キロニュートンの力）

085 □ 40 horsepower：40馬力

The power output is **40 horsepower**.
（その出力は 40 馬力である。）
発音 horsepower /hɔ́ːrspàuər/
メモ 仕事率の単位
類似表現：40 hp
関連表現：one horsepower（1馬力）
about 0.7 hp（約 0.7 馬力）

測定単位

英語論文数字表現 717

a 100-horsepower motor（100 馬力のモーター）

086 □ **650 pascals**：650パスカル

The maximum value was **650 pascals**.
（最大値は 650 パスカルであった。）
発音 pascal /pǽskæl/
メモ 圧力の単位，1 hPa = 100 Pa
類似表現：650 Pa
関連表現：about 90 pascals（約 90 パスカル）
　　　　　　an air pressure of 5-10 Pa（5-10 パスカルの空気圧）
　　　　　　at a pressure of 3 Pa（3 パスカルの圧力で）
　　　　　　have a pressure of 100 Pa（100 パスカルの圧力がある）

087 □ **920 hectopascals**：920ヘクトパスカル

The central atmospheric pressure is **920 hectopascals**.
（その中心気圧は 920 ヘクトパスカルである。）
発音 hectopascal /héktəpæskæl/
メモ 圧力の単位，1 hPa = 100 Pa
類似表現：920 hPa
関連表現：1000 hPa（1000 ヘクトパスカル）
　　　　　　approximately 800 hectopascals（約 800 ヘクトパスカル）
　　　　　　a pressure of 500 hPa（500 ヘクトパスカルの圧力）
　　　　　　reach 900 hPa（900 ヘクトパスカルに達する）
　　　　　　exceed 1050 hPa（1050 ヘクトパスカルを超える）

088 □ **30.8 atmospheres**：30.8気圧

Therefore, the osmotic pressure is **30.8 atmospheres**.
（したがって、その浸透圧は 30.8 気圧である。）
発音 atmosphere /ǽtməsfɪər/
メモ 気圧の単位，1 atm = 1013.25 hPa
類似表現：30.8 atm
関連表現：1 atm（1気圧）
　　　　　　1 atmosphere（1気圧）
　　　　　　about 3 atm（約3気圧）
　　　　　　a pressure of 2 atm（2気圧の圧力）
　　　　　　at 1.00 atm（1.00 気圧の時に）
　　　　　　at a pressure of 30 atm（30 気圧の圧力で）

測定単位

089 ☐ **500 Hz**：500ヘルツ

The frequency is about **500 Hz**.
（その周波数は約 500 ヘルツである。）

- **発音** hertz /hə́ːrts/
- **メモ** 周波数の単位, 振動数の単位
- **類似表現**：500 hertz
- **関連表現**：about 12 hertz（約 12 ヘルツ）
  - a 500 Hz sound wave（500 ヘルツの音波）
  - at a frequency of 5 Hz（5 ヘルツの周波数で）
  - at a frequency of 50 kHz（50 キロヘルツの周波数で）
  - range from 3 to 5 Hz（3-5 ヘルツに及ぶ）
  - have a frequency of 440 Hz（440 ヘルツの周波数を持つ）
  - using the 100 Hz frequency（100 ヘルツの周波数を用いて）

090 ☐ **3 dB**：3 デシベル

A difference of **3 dB** can be interpreted as follows:
（3 デシベルの差は、次のように解釈することができる。）

- **発音** decibel /désəbèl/
- **メモ** 音の強さの単位
- **類似表現**：3 decibels
- **関連表現**：less than 20 dB（20 デシベル未満）
  - 70-100 dB（70-100 デシベル）
  - be about 49 dB（約 49 デシベルである）
  - an increase of 10 dB（10 デシベルの増加）
  - change from 7 dB to 15 dB（7 デシベルから 15 デシベルに変化する）

091 ☐ **three octaves**：3 オクターブ

Her vocal range is **three octaves**.
（彼女の声域は 3 オクターブである。）

- **発音** octave /ɔ́ktiv/
- **メモ** 音程の単位
- **類似表現**：3 octaves
- **関連表現**：one octave（1 オクターブ）
  - 4.5 octaves（4.5 オクターブ）
  - about four octaves（約 4 オクターブ）
  - a five-octave vocal range（5 オクターブの声域）
  - have 7 octaves（7 オクターブの音域がある）

測定単位

be one octave higher（1オクターブ高い）

092 □ **10 sieverts**：10シーベルト

The average radiation dose exceeded **10 sieverts**.
（平均の放射線量が10シーベルトを超えた。）

- **発音** sievert /síːvərt/
- **メモ** 放射線量の単位
- **類似表現**：10 Sv
- **関連表現**：500 sieverts（500シーベルト）
  about 3.1 Sv（約3.1シーベルト）
  15.8 sieverts of radiation（15.8シーベルトの放射線）
  2000 millisieverts（2000ミリシーベルト，2000 mSv）

093 □ **3000 becquerels**：3000ベクレル

More than **3000 becquerels** of radioactive cesium was detected.
（3000ベクレルを超える放射性セシウムが検出された。）

- **発音** becquerel /bèkərél/
- **メモ** 放射能の単位
- **類似表現**：3000 Bq
- **関連表現**：one becquerel（1ベクレル）
  around 200 becquerels（約200ベクレル）
  have an activity of 70 Bq（70ベクレルの放射能がある）
  contain 2000 becquerels of cesium（2000ベクレルのセシウムを含む）

094 □ **one gray**：1グレイ

One gray equals 100 rads.
（1グレイは100ラドである。）

- **発音** gray /gréi/
- **メモ** 吸収線量の単位
- **類似表現**：1 Gy
- **関連表現**：0.442 Gy（0.442グレイ）
  about 1000 Gy（約1000グレイ）
  up to 200 Gy（最大で200グレイ）
  an absorbed dose of 250 grays（250グレイの吸収線量）

095 □ **200 candelas**：200カンデラ

The luminous intensity is **200 candelas**.
（その光度は 200 カンデラである。）

発音　candela /kændíːlə/
メモ　光度の単位
類似表現：200 cd
関連表現：one candela（1 カンデラ）
　　　　　　more than 600 candelas（600 カンデラ以上）
　　　　　　a luminous intensity of 1 candela（1 カンデラの光度）
　　　　　　have an intensity of about 200 cd（約 200 カンデラの光度がある）
　　　　　　have an intensity of 9,000 candelas（9,000 カンデラの光度がある）

096 □ **600 lumens**：600ルーメン

This light bulb emits about **600 lumens**.
（この電球は約 600 ルーメンを放つ。）

発音　lumen /lúːmin/
メモ　光束の単位
類似表現：600 lm
関連表現：one lumen（1ルーメン）
　　　　　　the same 200 lumens（同じ 200 ルーメン）
　　　　　　need 2000 lm（2000 ルーメンを必要とする）
　　　　　　produce 1000 lumens（1000 ルーメンを生み出す）
　　　　　　have a luminous flux of 500 lumens（500 ルーメンの光束をもつ）

097 □ **3000 lux**：3000ルクス

The maximum amount of light is approximately **3000 lux**.
（光の最大量は約 3000 ルクスである。）

発音　lux /lʌks/
メモ　照度の単位
類似表現：3000 lx
関連表現：one lux（1ルクス）
　　　　　　about 500 lx（約 500 ルクス）
　　　　　　with an intensity of 400 lx（400 ルクスの照度で）
　　　　　　reach 5000 lux（5000 ルクスに達する）
　　　　　　occur at 700 lux（700 ルクスで生じる）

098 □ **one gauss**：1 ガウス

One gauss equals 0.0001 tesla.

（1ガウスは0.0001テスラである。）

発音 gauss /gáus/
メモ 磁束密度の単位，1 T = 10,000 G
類似表現：1 gauss，1 G
関連表現：10,000 gauss（10,000 ガウス）
　　　　　　about 10 gauss（約10 ガウス）
　　　　　　a magnetic field of 500 gauss（500 ガウスの磁場）
　　　　　　a 2000 gauss magnet（2000 ガウスの磁石）

099 ☐ **0.0001 tesla**：0.0001テスラ

One gauss equals **0.0001 tesla**.
（1ガウスは0.0001テスラである。）

発音 tesla /téslə/
メモ 磁束密度の単位，1 T = 10,000 G
類似表現：0.0001 T
関連表現：one tesla（1テスラ）
　　　　　　approximately 0.5 tesla（約0.5 テスラ）
　　　　　　about 0.1-0.3 tesla（約0.1-0.3 テスラ）
　　　　　　a magnetic flux density of 3 tesla（3テスラの磁束密度）

100 ☐ **one weber**：1ウェーバ

One tesla equals **one weber** per square meter.
（1テスラは1ウェーバ毎平方メートルに等しい。）

発音 weber /wébər/
メモ 磁束の単位
類似表現：1 weber，1 Wb
関連表現：1.9 Wb（1.9 ウェーバ）
　　　　　　about 8 webers（約8ウェーバ）
　　　　　　a magnetic flux of one weber（1ウェーバの磁束）
　　　　　　0.002 webers per square meter（0.002 ウェーバ毎平方メートル）
　　　　　　0.12 Wb/m^2（0.12 ウェーバ毎平方メートル）
　　　　　　2.44 milliwebers / 2.44 mWb（2.44 ミリウェーバ）

101 ☐ **5 moles of carbon dioxide**：5モルの二酸化炭素

In this reaction, **5 moles of carbon dioxide** are needed.
（この反応では、5モルの二酸化炭素が必要とされる。）

発音 mole /móul/

メモ 物質量の単位
類似表現：five moles of carbon dioxide, 5 mol of carbon dioxide
関連表現：three moles（3モル）
　　　　　　one mole of oxygen（1モルの酸素）
　　　　　　two moles of hydrogen（2モルの水素）
　　　　　　10.5 moles of calcium（10.5 モルのカルシウム）
　　　　　　1 mol of ammonia（1モルのアンモニア）
　　　　　　0.3 mol of nitrogen（0.3 モルの窒素）

102 ☐ between pH 3 and 6：pH 3-6の間で

This phenomenon occurs **between pH 3 and 6**.
（この現象は pH 3-6 の間で生じる。）

発音 pH /píːéitʃ/
メモ 水素イオン指数
関連表現：at pH 6.3 (pH 6.3 で, pH 6.3 の時に)
　　　　　　at pH 4-5 (pH 4-5で)
　　　　　　from pH 3 to 6 (pH 3 から pH 6 に)
　　　　　　in the pH range of 3.3 to 3.5 (pH 3.3 から pH 3.5 の範囲内で)
　　　　　　below pH 6.0 (pH 6.0 未満)
　　　　　　a solution of pH 7 (pH 7 の溶液)
　　　　　　an aqueous solution of pH 3.2 (pH 3.2 の水溶液)
　　　　　　a pH of 5.3 (5.3 の pH 値)
　　　　　　a pH above 7 (7 を超える pH 値)
　　　　　　a pH below 7 (7 未満の pH 値)
　　　　　　a pH value greater than 5 (5 を超える pH 値)
　　　　　　have a pH value of less than 5 (5 未満の pH 値を有する)
　　　　　　set the pH to 4.0 (その pH 値を 4.0 に設定する)

103 ☐ 140/90 mmHg：140/90 mmHg（140/90ミリ水銀）

The blood pressure is **140/90 mmHg**.
（その血圧は 140/90 mmHg である。）

発音 millimeters of mercury /mílimìːtərz əv mə́ːrkjuri/
メモ 圧力の単位
類似表現：140/90 millimeters of mercury, 140 over 90 millimeters of mercury
関連表現：around 110 mmHg（約 110 ミリ水銀）
　　　　　　at least 139 mmHg（少なくとも 139 ミリ水銀）
　　　　　　a blood pressure of 120/80 mmHg（120/80 mmHg の血圧）
　　　　　　be less than 120/80 mmHg（120/80 mmHg 未満である）

英語論文数字表現 **717**

have a pulse pressure of 35 mmHg（35 mmHg の脈圧がある）

104 □ **80 beats per minute** : 80 bpm，毎分80回

The pulse rate was **80 beats per minute**.
（脈拍数は 80 bpm であった。）
発音 beats per minute /bíːts pər mínit/
メモ 心拍数の単位
類似表現：80 bpm
関連表現：around 70-75 bpm（約 70-75 bpm）
　　　　　　less than 50 bpm（50 bpm 未満）
　　　　　　a pulse rate of 65 bpm（65 bpm の脈拍数）
　　　　　　be over 200 beats per minute（200 bpm を超えている）

105 □ **8 bits** : 8ビット

In most cases, 1 byte is **8 bits**.
（ほとんどの場合、1 バイトは 8 ビットである。）
発音 bit /bít/
メモ 情報量の単位
類似表現：eight bits
関連表現：two bits（2ビット）
　　　　　　an 8-bit CPU（8ビット CPU）
　　　　　　32 bits of data（32 ビットのデータ）
　　　　　　use one bit（1ビットを使う）

106 □ **1000 bytes** : 1000バイト

Hence, one kilobyte is approximately **1000 bytes**.
（したがって、1 キロバイトは約 1000 バイトである。）
発音 byte /báit/
メモ 情報量の単位, 1 byte = 8 bits
類似表現：1000 B
関連表現：around 220 bytes（約 220 バイト）
　　　　　　a memory capacity of one million bytes（100 万バイトのメモリ容量）
　　　　　　reach 2000 bytes（2000 バイトに達する）

107 □ **one kilobyte** : 1 キロバイト

Hence, **one kilobyte** is approximately 1000 bytes.

（したがって、1 キロバイトは約 1000 バイトである。）

発音 kilobyte /kíləbait/
メモ 情報量の単位, 1 KB = 1024 bytes
類似表現：1 KB, a kilobyte
関連表現：about 2 kilobytes（約2キロバイト）
　　　　　　 a few kilobytes（数キロバイト）
　　　　　　 8 kilobytes of memory（8キロバイトのメモリ）

108 ☐ 40 megabytes : 40メガバイト

Its capacity was **40 megabytes**.
（その容量は 40 メガバイトであった。）

発音 megabyte /méɡəbait/
メモ 情報量の単位, 1 MB = 1024 KB
類似表現：40 MB
関連表現：a megabyte（1メガバイト）
　　　　　　 1024 megabytes（1024 メガバイト）
　　　　　　 approximately 1000 megabytes（約 1000 メガバイト）

109 ☐ 10 gigabytes : 10ギガバイト

The size of the database is **10 gigabytes**.
（そのデータベースのサイズは、10 ギガバイトである。）

発音 gigabyte /ɡíɡəbait/
メモ 情報量の単位, 1 GB = 1024 MB
類似表現：10 GB
関連表現：about 1 gigabyte（約1ギガバイト）
　　　　　　 up to 300 gigabytes（最大で 300 ギガバイト）
　　　　　　 a 10-gigabyte database（10 ギガバイトのデータベース）
　　　　　　 have a capacity of 8 GB（8ギガバイトの容量がある）

110 ☐ one terabyte : 1テラバイト

The capacity of this hard disk drive is **one terabyte**.
（このハードディスクドライブの容量は、1 テラバイトである。）

発音 terabyte /térəbait/
メモ 情報量の単位, 1 TB = 1024 GB
類似表現：1 TB, a terabyte
関連表現：1.5 terabytes（1.5 テラバイト）
　　　　　　 about 500 terabytes（約 500 テラバイト）

測定単位

700 terabytes of data（700 テラバイトのデータ）
the size of 1 terabyte（1 テラバイトのサイズ）
amount to 15 TB（15 テラバイトにのぼる）

111 ☐ **one million pixels**：100万画素，100万ピクセル

One megapixel equals **one million pixels**.
（1 メガピクセルは 100 万画素である。）

発音 pixel /píksəl/
メモ 画素の単位
関連表現：approximately 1400 pixels（約 1400 ピクセル）
600×800 pixels（600 × 800 ピクセル）
6 million pixels of data（600 万画素のデータ）
an image of one million pixels（100 万画素の画像）
be 2500 pixels tall（2500 ピクセルの高さがある）

112 ☐ **7,200 bits per second**：毎秒 7,200 ビット，7,200 ビット毎秒，7,200 ビット/秒

The download speed is **7,200 bits per second**.
（ダウンロード速度は毎秒 7,200 ビットである。）

発音 bits per second /bíts pər sékənd/
メモ データ転送速度の単位
類似表現：7,200 bps
関連表現：approximately 700 bps（約 700 ビット毎秒）
around 9,600 bits per second（約 9,600 ビット毎秒）
up to 1,200 bps（最大 1,200 ビット毎秒）
a transmission rate of 9,600 bps（9,600 bps の通信速度）
at 2,400 bits per second（2,400 bps で）
at about 20 Kbps（約 20 キロビット毎秒で）

113 ☐ **2400 dpi**：2400 dpi

Its optical resolution is **2400 dpi**.
（その光学解像度は 2400 dpi である。）

発音 dots per inch /dɔ́ts pər íntʃ/
メモ 解像度の単位
類似表現：2400 dots per inch
関連表現：up to 4800 dots per inch（最大 4800 dpi）
have a resolution of 300 dpi（300 dpi の解像度がある）

require a resolution of 1200 dpi (1200 dpi の解像度を必要とする)
be scanned at 600 dpi (600 dpi でスキャンされる)
at a resolution of 900 dpi (900 dpi の解像度で)

概数表現

114 □ about 1/2：約 1/2, 約 2 分の 1

The probability is **about 1/2**.
(その確率は約 1/2 である。)

類似表現：about one half
関連表現：about 15 years (約 15 年)
about 20 percent (約 20 パーセント)
about 0.9 mm (約 0.9 ミリ)
about 500 miles (約 500 マイル)
about 2000 people (約 200 人)
about 500 copies (約 500 部)
an increase of about 12% (約 12% の増加)
in about 50 words (約 50 語で)
in about 10 lines (約 10 行で)

115 □ around 20℃：摂氏約 20 度

The room temperature is **around 20℃**.
(室温は摂氏約 20 度である。)

類似表現：around 20 degrees Celsius, around 20 degrees centigrade
関連表現：around 35.6% (約 35.6%)
around 4 degrees (約 4 度)
around 3 kilograms (約 3 キロ)
around a hundred years ago (約 100 年前に)
around the beginning of the 18th century (18 世紀の初め頃に)
around the end of October (10 月の末頃に)

116 □ approximately 30 V：約 30 ボルト

The total voltage is **approximately 30 V**.
(全体の電圧は約 30 ボルトである。)

発音　approximately /əprɔ́ksəmətli/
類似表現：approximately 30 volts

関連表現：approximately 35%（約35%）
approximately 800 participants（約800人の参加者）
approximately 300 milliseconds（約300ミリ秒）
approximately one third of the respondents（その回答者の約1/3）

117 □ some 200 works：約200作品

This collection includes **some 200 works**.
（本コレクションには、約200作品が含まれている。）

類似表現：some two hundred works
関連表現：some 12 inches（約12インチ）
some 5000 people（約5000人）
some $500（約500ドル）
some 300 years ago（約300年前に）
some 200 years later（約200年後）
some 40% of the subjects（その被験者の約40%）

118 □ almost $2 billion：約20億ドル，ほぼ20億ドル

The total budget is **almost $2 billion** per year.
（全体の予算は、年間約20億ドルである。）

類似表現：almost 2 billion dollars, almost two billion dollars
関連表現：almost 500 pages（約500ページ）
almost 50%（ほぼ50%）
almost a quarter of them（それらのほぼ1/4）
almost twice（ほぼ2倍）
be almost zero（ほぼゼロである）

119 □ nearly three times：約3倍，ほぼ3倍

The former is **nearly three times** larger than the latter.
（前者は後者の約3倍大きい。）

関連表現：nearly 10 g（約10グラム）
nearly $500（約500ドル）
nearly 200 people（ほぼ200人）
nearly 30% of patients（ほぼ30%の患者）
for nearly an hour（ほぼ1時間）

120 □ roughly 50 km/h：時速約50キロ，ほぼ時速50キロ

The average velocity is **roughly 50 km/h**.

(その平均速度は時速約50キロである。)
類似表現：roughly 50 kilometers per hour, roughly fifty kilometers per hour
関連表現：roughly 150 km（約150キロ）
　　　　　roughly 200 years ago（約200年前に）
　　　　　roughly 40% of income（収入のほぼ40%）
　　　　　roughly three times（ほぼ3倍）

121 □ **c. 1.5 m**：約1.5メートル，およそ1.5メートル

The maximum size is **c. 1.5 m** in total length.
(その最大サイズは、全長約1.5メートルである。)
発音　circa /sə́ːrkə/
類似表現：ca. 1.5 m, circa 1.5 m
関連表現：circa 1970（1970年頃）
　　　　　c. 1606（1606年頃）
　　　　　c. 250 BC（紀元前250年頃）
　　　　　ca. 180 BC（紀元前180年頃）
　　　　　ca. 100-200 meters（約100-200メートル）
　　　　　ca. 5%（約5%）
　　　　　reach ca. 100%（およそ100%に達する）

122 □ **tens of experts**：何十人もの専門家，数十人もの専門家

Nevertheless, **tens of experts** have addressed the problem.
(それにも関わらず、何十人もの専門家がその問題に取り組んできた。)
関連表現：tens of chemicals（何十種類もの化学物質）
　　　　　tens of seconds（数十秒）
　　　　　tens of meters（数十メートル）
　　　　　tens of times（何十回も）
　　　　　for tens of years（数十年間）

123 □ **dozens of animals**：数十匹もの動物，何十匹もの動物

Dozens of animals were found dead.
(数十匹もの動物が死体で発見された。)
関連表現：dozens of elephants（何十頭ものゾウ）
　　　　　dozens of people（何十人もの人）
　　　　　dozens of dollars（数十ドル）
　　　　　dozens of times（何十回も）

概数表現

124 ☐ hundreds of workers：何百人もの労働者，数百人もの労働者

This company laid off **hundreds of workers**.
（この会社は何百人もの労働者を解雇した。）
関連表現：hundreds of children（何百人もの子供たち）
　　　　　hundreds of women（何百人もの女性）
　　　　　hundreds of kilometers（数百キロ）
　　　　　hundreds of times（何百回も）
　　　　　hundreds of years ago（何百年も前に）

125 ☐ thousands of people：何千人もの人，数千人もの人

Thousands of people died in the earthquake.
（その地震で、何千人もの人が亡くなった。）
関連表現：thousands of pages（数千ページ）
　　　　　thousands of dollars（数千ドル）
　　　　　thousands of atoms（何千もの原子）
　　　　　thousands of acres of land（何千エーカーもの土地）
　　　　　hundreds to thousands of people（数百人から数千人もの人）
　　　　　over thousands of years（数千年にわたって）

126 ☐ tens of thousands of data：何万件ものデータ，数万件ものデータ

This database contains **tens of thousands of** personal **data**.
（このデータベースには、何万件もの個人データが含まれている。）
関連表現：tens of thousands of people（何万人もの人）
　　　　　tens of thousands of volunteers（何万人ものボランティア）
　　　　　tens of thousands of genes（何万個もの遺伝子）
　　　　　tens of thousands of dollars（数万ドル）

127 ☐ hundreds of thousands of fish：何十万匹もの魚，数十万匹もの魚

Hundreds of thousands of fish were accidentally caught.
（何十万匹もの魚が偶然捕獲された。）
関連表現：hundreds of thousands of patients（何十万人もの患者）
　　　　　hundreds of thousands of students（何十万人もの学生）
　　　　　hundreds of thousands of years ago（数十万年前に）
　　　　　hundreds of thousands of yen（数十万円）

128 ☐ millions of dollars：何百万ドルものお金，数百万ドルものお金

This project costs **millions of dollars**.
（このプロジェクトには、何百万ドルものお金がかかる。）
関連表現：millions of people（数百万人もの人）
　　　　　　millions of atoms（何百万もの原子）
　　　　　　millions of years ago（数百万年前）
　　　　　　millions of times a second（1秒に数百万回）
　　　　　　after millions of years（数百万年後に）
　　　　　　over millions of years（何百万年にもわたって）

129 ☐ tens of millions of words：数千万語，何千万もの語

The number is over **tens of millions of words**.
（その数は数千万語を超えている。）
関連表現：tens of millions of immigrants（何千万人もの移民）
　　　　　　tens of millions of neurons（何千万個ものニューロン）
　　　　　　tens of millions of dollars（数千万ドル）
　　　　　　tens of millions of years ago（何千万年も前に）

130 ☐ hundreds of millions of dollars：数億ドルものお金，
　　　　　　　　　　　　　　　　　　　何億ドルものお金

It is still difficult to offer **hundreds of millions of dollars**.
（数億ドルものお金を提供することは、以前として難しい。）
関連表現：hundreds of millions of cells（何億個もの細胞）
　　　　　　hundreds of millions of people（何億人もの人）
　　　　　　hundreds of millions of years ago（数億年前に）

131 ☐ billions of euros：数十億ユーロものお金，何十億ユーロものお金

Billions of euros were generated in the last six months.
（ここ6か月で、数十億ユーロものお金が生み出された。）
関連表現：billions of people（何十億人もの人）
　　　　　　billions of stars（何十億もの星）
　　　　　　billions of dollars（数十億ドル）
　　　　　　billions of years ago（数十億年前に，何十億年も前に）

132 ☐ trillions of spores：何兆個もの胞子，数兆個もの胞子

As a result, **trillions of spores** are released.
（その結果、何兆個もの胞子が放出される。）
関連表現：trillions of stars（何兆個もの星）

trillions of cell divisions（何兆回もの細胞分裂）
trillions of dollars（数兆ドル）

133 □ **a few hundred dollars**：数百ドル

After all, this cost **a few hundred dollars**.
（結局のところ、これには数百ドルかかった。）

類似表現：a couple of hundred dollars, several hundred dollars
関連表現：a few thousand dollars（数千ドル）
a few examples（2-3例，数例）
a few trillion dollars（数兆ドル）
a few other examples（他の数例）
at least a few hundred dollars（少なくとも数百ドル）
during the first few years（最初の数年間で）
a couple of thousand dollars a year（年間数千ドル）
several countries（5-6か国，数か国）
several times（数回）
several million yen（数百万円）
several hundred million dollars（数億ドル）
several billion people（数十億人）

134 □ **close to 3,000 species**：およそ3,000種，約3,000種，3,000種近く

In the garden, there are **close to 3,000 species** of plants.
（その庭園には、およそ3,000種の植物がある。）

発音 close /klóus/《発音注意》
関連表現：close to 100 countries（およそ100か国）
close to $3 million（およそ300万ドル）
close to one trillion yen（1兆円近く）
close to three million people（300万人近く）
close to 100%（ほぼ100％）
close to 1000（1000近く，約1000）
close to one quarter of the subjects（その被験者の1/4近く）
a growth of close to 25%（約25％の成長）
weigh close to 30 kg（約30キロの重さがある）

135 □ **on the order of 0.1 nm**：約0.1 nm（約0.1ナノメートル）

Atoms are **on the order of 0.1 nm** in size.
（原子の大きさは、約0.1 nmである。）

類似表現：on the order of 0.1 nanometers

関連表現：on the order of 50 MHz（約 50 メガヘルツ）
　　　　　on the order of 3.2 tons（約 3.2 トン）
　　　　　on the order of 10 light years（約 10 光年）
　　　　　on the order of 200 hours（約 200 時間）
　　　　　on the order of 5 minutes（約 5 分）
　　　　　be on the order of 5 million（約 500 万である）
　　　　　be on the order of 1 m（約 1 m である）
　　　　　a temperature on the order of 10^5 K（約 10^5 ケルビンの温度）
　　　　　the sea-level rise on the order of 30 centimeters
　　　　　　（約 30 センチの海面上昇）

136 □ in the vicinity of $7 million：700万ドル前後

The total cost is **in the vicinity of $7 million**.
（総費用は 700 万ドル前後である。）

発音　vicinity /vɪsínəti/

類似表現：in the vicinity of 7 million dollars, in the vicinity of seven million dollars

関連表現：in the vicinity of 250 K（250 ケルビン前後）
　　　　　in the vicinity of 2℃（摂氏 2 度前後）
　　　　　in the vicinity of 3,000 yen（3,000 円前後）
　　　　　be in the vicinity of 8,000（8,000 前後である）

137 □ in the neighborhood of 40：40歳前後

The patient was **in the neighborhood of 40**.
（その患者は 40 歳前後であった。）

発音　neighborhood /néibərhùd/

類似表現：in the neighborhood of forty

関連表現：be in the neighborhood of $2,000（2,000 ドル前後である）
　　　　　be in the neighborhood of 20%（20% 前後である）
　　　　　a high price in the neighborhood of 100 yen（100 円前後の高値）
　　　　　in the neighborhood of five thousand（5000 前後）

138 □ in the region of 102.41 yen：102円41銭前後

The exchange rate was **in the region of 102.41 yen** to the dollar.
（その為替レートは、1 ドル 102 円 41 銭前後であった。）

発音　region /ríːdʒən/

関連表現：be in the region of 20（20 歳前後である）

be in the region of 500 yen（500 円前後である）
in the region of $250（約 250 ドル）

数学概念

139 □ plus one : ＋1

It is a number from minus one to **plus one**.
（それは、− 1 から＋ 1 の間にある数である。）

類似表現：positive one
関連表現：plus ten（＋10）
　　　　　plus one point two（＋1.2）
　　　　　positive eight（＋8）
　　　　　positive zero point three（＋0.3）

140 □ minus three : −3

Five minus eight equals **minus three**.
（5 − 8 は− 3 である（5 − 8 ＝ − 3）。）

類似表現：negative three
関連表現：minus one tenth（−1/10）
　　　　　minus zero point eight（−0.8）
　　　　　negative twenty（−20）
　　　　　negative three point one five（−3.15）

141 □ plus or minus 5 : ±5

Therefore, x equals **plus or minus 5**.
（したがって、x は± 5 である（$x = ±5$）。）

類似表現：plus or minus five, plus minus 5
関連表現：plus or minus 10（±10）
　　　　　plus or minus two（±2）
　　　　　plus or minus 0.5（±0.5）
　　　　　plus or minus 15.2 m/s（±15.2 m/s）
　　　　　7 plus or minus 2（7±2）

142 □ zero point two five : 0.25

One divided by four equals **zero point two five**.
（1 ÷ 4 は 0.25 である（1 ÷ 4 ＝ 0.25）。）

関連表現：zero point five (0.5)
　　　　　four point five (4.5)
　　　　　two point three two (2.32)
　　　　　three point two recurring (3.22222…)
　　　　　eight point one three fifty-two recurring (8.13525252…)
　　　　　seven point one three percent (7.13%)

143 □ two thirds：$\frac{2}{3}$

One third plus **two thirds** equals one.
($\frac{1}{3}+\frac{2}{3}$ は 1 である ($\frac{1}{3}+\frac{2}{3}=1$))。

関連表現：one half ($\frac{1}{2}$)
　　　　　one quarter ($\frac{1}{4}$)
　　　　　one fifth ($\frac{1}{5}$)
　　　　　three fourths ($\frac{3}{4}$)
　　　　　nine tenths ($\frac{9}{10}$)
　　　　　one fourth of 12 (12 の $\frac{1}{4}$)
　　　　　two fifths of ten (10 の $\frac{2}{5}$)

144 □ nine and three-fourths：$9\frac{3}{4}$

Nine and three-fourths equals 9.75.
($9\frac{3}{4}$ は 9.75 である ($9\frac{3}{4}=9.75$))。

類似表現：nine three-fourths
関連表現：five and five-sixths ($5\frac{5}{6}$)
　　　　　three and one-third ($3\frac{1}{3}$)
　　　　　twenty-four and two-fifths ($24\frac{2}{5}$)

145 □ thirty-six over three：$\frac{36}{3}$

Thirty-six over three is twelve.
($\frac{36}{3}$ は 12 である ($\frac{36}{3}=12$))。

関連表現：two over four ($\frac{2}{4}$)
　　　　　seven over fifty-seven ($\frac{7}{57}$)
　　　　　thirteen over twenty-seven ($\frac{13}{27}$)
　　　　　twenty-five over one hundred sixteen ($\frac{25}{116}$)

数学概念

146 ☐ **one to three** : 1:3（1対3）

Two to six equals **one to three**.
（2：6は1：3である。）
類似表現：1 to 3
関連表現：ten to one（10：1）
　　　　　　two to three（2：3）
　　　　　　three to five（3：5）
　　　　　　one to two（1：2）
　　　　　　about 1 to 3（約1：3）

147 ☐ **four squared** : 4の2乗（4^2）

Four squared is sixteen.
（4の2乗は16である。）
発音 squared /skwéərd/
関連表現：two squared（2の2乗（2^2））
　　　　　　five squared（5の2乗（5^2））
　　　　　　x squared（xの2乗（x^2））
　　　　　　y squared（yの2乗（y^2））

148 ☐ **two cubed** : 2の3乗（2^3）

Two cubed is eight.
（2の3乗は8である。）
発音 cubed /kjú:bd/
関連表現：five cubed（5の3乗（5^3））
　　　　　　four cubed（4の3乗（4^3））
　　　　　　x cubed（xの3乗（x^3））
　　　　　　y cubed（yの3乗（y^3））

149 ☐ **the square of 5** : 5の2乗（5^2）

The square of 5 is 25.
（5の2乗は、25である。）
発音 square /skwéər/
関連表現：the square of 7（7の2乗（7^2））
　　　　　　the square of x（xの2乗（x^2））
　　　　　　the square of the velocity（その速度の2乗）
　　　　　　the square of the diameter（その直径の2乗）

150 ☐ the cube of 3 : 3の3乗（3^3）

The cube of 3 is 27.
（3の3乗は27である。）

発音 cube /kjú:b/
関連表現 : the cube of 2（2の3乗（2^3））
　　　　　　the cube of x（xの3乗（x^3））
　　　　　　the cube of the distance（その距離の3乗）
　　　　　　the cube of its height（その高さの3乗）

151 ☐ ten to the fourth power : 10の4乗（10^4）

Ten to the fourth power is 10,000.
（10の4乗（10^4）は10,000である。）

類似表現 : ten to the fourth, ten to the power 4, ten to the power of four
関連表現 : three to the fifth (power)（3の5乗（3^5））
　　　　　　7 to the power 3（7の3乗（7^3））
　　　　　　10 to the sixth (power)（10の6乗（10^6））
　　　　　　five to the power of two（5の2乗（5^2））
　　　　　　x to the third power（xの3乗（x^3））
　　　　　　10 to the zero（10の0乗（10^0））
　　　　　　the second power of 3（3の2乗（3^2））
　　　　　　the third power of 5（5の3乗（5^3））

152 ☐ ten to the minus three : 10の−3乗（10^{-3}）

Ten to the minus three equals 0.001.
（10の−3乗（10^{-3}）は0.001である。）

類似表現 : ten to the power of minus three
関連表現 : 10 to the minus five（10の−5乗（10^{-5}））
　　　　　　ten to the minus six（10の−6乗（10^{-6}））
　　　　　　10 to the minus 12（10の−12乗（10^{-12}））
　　　　　　10 to the power of minus four（10の−4乗（10^{-4}））

153 ☐ 1.3 times ten to the third power : 1.3×10^3

Therefore, **1.3 times ten to the third power** equals 1300.
（したがって、1.3×10^3 は1300である。）

類似表現 : one point three times ten to the third power
　　　　　　1.3 times ten to the third
関連表現 : 7 times ten to the sixth（7×10^6）

5.4 times ten to the minus five (5.4×10^{-5})
two point eight times ten to the tenth (power) (2.8×10^{10})

154 ☐ the square root of four：4の平方根（$\sqrt{4}$）

The square root of four is two.
（4の平方根は2である。）

類似表現：the square root of 4, the second root of 4, Root 4
関連表現：the square root of 3（3の平方根）
the square root of minus one（-1の平方根, $\sqrt{-1}$）
the square root of one-fifth（$\frac{1}{5}$の平方根, $\sqrt{\frac{1}{5}}$）
the second root of twenty-five（25の平方根）

155 ☐ the cube root of 27：27の立方根（$\sqrt[3]{27}$）

The cube root of 27 is 3.
（27の立方根は3である。）

類似表現：the cube root of twenty-seven, the third root of 27
関連表現：the cube root of two（2の立方根）
the third root of 64（64の立方根）
the negative cube root of 3（$\sqrt[3]{3}$）
the minus cube root of 3（$\sqrt[3]{3}$）

156 ☐ the fourth root of 81：81の四乗根（$\sqrt[4]{81}$）

The fourth root of 81 is 3.
（81の四乗根は3である。）

類似表現：the fourth root of eighty-one
関連表現：the fourth root of five（5の四乗根）
the fourth root of 16（16の四乗根）
the fifth root of 243（243の五乗根）

157 ☐ four factorial：4の階乗（4!）

Four factorial is twenty-four.
（4の階乗は24である。）

発音 factorial /fæktɔ́:riəl/

類似表現：the factorial of 4
関連表現：ten factorial（10の階乗（10!））
7 factorial（7の階乗（7!））

the factorial of 3（3の階乗（3!））
the factorial of 5（5の階乗（5!））

158 ☐ a multiple of 3：3の倍数

This can happen when *n* is **a multiple of 3**.
（これは、*n* が 3 の倍数である時に生じうる。）

発音 multiple /mʌ́ltəpl/

関連表現：a multiple of 2（2の倍数）
　　　　　a multiple of 5（5の倍数）
　　　　　a multiple of both 5 and 7（5と7の倍数）
　　　　　the least common multiple of 70 and 90（70 と 90 の最小公倍数）
　　　　　the lowest common multiple of 6 and 8（6と8の最小公倍数）

159 ☐ a divisor of 8：8の約数

Of course, *n* is **a divisor of 8**.
（当然のことながら、*n* は 8 の約数である。）

発音 divisor /diváizər/

関連表現：a divisor of 12（12 の約数）
　　　　　a divisor of 150（150 の約数）
　　　　　a divisor of *n*（*n* の約数）
　　　　　the greatest common divisor of 66 and 99（66 と 99 の最大公約数）

160 ☐ a factor of 30：30の因数

For example, 6 is **a factor of 30**.
（例えば、6 は 30 の因数である。）

発音 factor /fǽktər/

関連表現：a factor of both 15 and 20（15 と 20 の因数）
　　　　　a common factor of 12 and 30（12 と 30 の共通因数）
　　　　　all the factors of 16（16 の全因数）
　　　　　have three factors（因数が3つある）

161 ☐ the prime factors of 10：10の素因数

The prime factors of 10 are 2 and 5.
（10 の素因数は 2 と 5 である。）

発音 prime factor /práim fǽktər/

関連表現：the prime factors of 36（36 の素因数）

英語論文数字表現 **717**

the prime factors of 12（12 の素因数）
the prime factors of n（n の素因数）
at least 3 distinct prime factors（少なくとも3つの異なる素因数）
have at least one prime factor（少なくとも1つの素因数を持つ）

162 ☐ the reciprocal of 10：10の逆数

The reciprocal of 10 is $\frac{1}{10}$.
（10 の逆数は $\frac{1}{10}$ である。）

発音 reciprocal /rɪsíprəkəl/
類似表現：the reciprocal of ten
関連表現：the reciprocal of five（5 の逆数）
the reciprocal of $\frac{1}{5}$（$\frac{1}{5}$ の逆数）
the reciprocal of －2（－2 の逆数）
the reciprocal of 0（0 の逆数）

163 ☐ the absolute value of －5：－5 の絶対値

For example, **the absolute value of －5 is 5**.
（例えば、－5 の絶対値は5 である（|－5| = 5）。）

発音 absolute value /ǽbsəlùːt vǽljuː/
類似表現：the absolute value of negative five
関連表現：the absolute value of 7（7 の絶対値）
the absolute value of zero（0 の絶対値）
the absolute value of x（x の絶対値）

164 ☐ be greater than 5：5 より大きい

It is for this reason that x **is greater than 5**.
（x が5 より大きいのは、このためである。）

類似表現：be more than 5
関連表現：be greater than 2.1（2.1 より大きい）
be greater than zero（0 より大きい）
be more than one（1 より大きい）
be 6 greater than the first number（最初の数より6 大きい）
a number greater than 5（5 より大きい数）
an even number greater than 8（8 より大きい偶数）
be greater than 90°（90 度より大きい）
be greater than 30℃（摂氏 30 度より高い）

165 ☐ be less than 10：10より小さい，10未満である，10に満たない

Therefore, *x* must **be less than 10**.
(したがって、*x* は 10 より小さくなければならない。)

類似表現：be smaller than 10
関連表現：be less than zero (0より小さい)
　　　　　be 3 less than 0 (0よりも3小さい)
　　　　　a number less than 10 (10 より小さい数)
　　　　　numbers less than 50 (50 より小さい数)
　　　　　be less than 90° (90 度より小さい)
　　　　　be less than 1% (1% 未満である)
　　　　　be less than ten percent (10% に満たない)
　　　　　be less than 50 meters (50 メートルに満たない)
　　　　　be less than 2000 yen (2000 円未満である)
　　　　　be less than 0.1 square centimeters (0.1 平方センチメートル未満である)

166 ☐ be greater than or equal to 15：15以上である

In this case, *x* must **be greater than or equal to 15**.
(この場合、*x* は 15 以上でなければならない。)

類似表現：be more than or equal to 15
関連表現：be greater than or equal to 2000 (2000 以上である)
　　　　　be greater than or equal to zero (0以上である)
　　　　　be greater than or equal to 500 g (500 グラム以上である)
　　　　　must be greater than or equal to zero (0以上でなければならない)
　　　　　be more than or equal to 100 (100 以上である)

167 ☐ be less than or equal to 0：0以下である

This is because *x* **is less than or equal to 0**.
(これは、*x* が 0 以下であるためである。)

類似表現：be smaller than or equal to 0
関連表現：be less than or equal to 100 (100 以下である)
　　　　　be less than or equal to 5% (5% 以下である)
　　　　　be less than or equal to 500 g (500 グラム以下である)
　　　　　be smaller than or equal to $\frac{5}{6}$ ($\frac{5}{6}$ 以下である)

168 ☐ be equal to 2*x*：2*x* に等しい，2*x* である

This occurs if *y* **is equal to 2*x***.

（これは、$y = 2x$ である場合に生じる。）

発音 equal /íːkwəl/

類似表現：equal (y equals $2x$)

関連表現：be equal to 3000 (3000である，3000に等しい)
　　　　　　be equal to zero (0である，0に等しい)
　　　　　　be equal to one (1に等しい)
　　　　　　be equal to 50% (50%である，50%に等しい)
　　　　　　be equal to $\frac{1}{3}$ ($\frac{1}{3}$に等しい)
　　　　　　be equal to 1 divided by 2 (1÷2に等しい)
　　　　　　be almost equal to 1 (ほぼ1である，1にほぼ等しい)
　　　　　　be roughly equal to 30% (30%にほぼ等しい)
　　　　　　be approximately equal to zero (ほぼ0に等しい)
　　　　　　be nearly equal to zero (ほぼ0に等しい)
　　　　　　be not equal to 0 (0ではない)
　　　　　　be not equal to 10 (10に等しくない)

169 □ **3 plus 2 equals 5**：3＋2は5である

Three plus two equals five.
（3 + 2は5である（3 + 2 = 5）。）

類似表現：3 plus 2 is 5
　　　　　　3 plus 2 is equal to 5

関連表現：10 plus 10 (10 + 10)
　　　　　　x plus 1 (x +1)
　　　　　　$2x$ plus 3 ($2x$ +3)

170 □ **10 minus 3 is equal to 7**：10−3は7である

Ten minus three is equal to seven.
（10 − 3は7である（10 − 3 = 7）。）

類似表現：10 minus 3 is 7
　　　　　　10 minus 3 equals 7

関連表現：80 minus 30 (80 − 30)
　　　　　　x minus 5 (x −5)
　　　　　　$3x$ minus 2 ($3x$ −2)

171 □ **10 times 5 is 50**：10×5は50である

Ten times five is fifty.
（10 × 5は50である（10 × 5 = 50）。）

発音 times /tàimz/

類似表現：10 times 5 equals 50
　　　　　　10 times 5 is equal to 50

関連表現：6 times 7 (6 × 7)
　　　　　　7 times x (7 × x)
　　　　　　x times y (x × y)

172 □ 10 multiplied by 5 is 50：10×5は50である

Ten multiplied by five is fifty.
(10 × 5 は 50 である (10 × 5 = 50)。)

発音 multiplied /mʌ́ltəplàid/

類似表現：10 multiplied by 5 equals 50
　　　　　　10 multiplied by 5 is equal to 50

関連表現：20 multiplied by 3 (20 × 3)
　　　　　　7 multiplied by 0 (7 × 0)
　　　　　　x multiplied by y (x × y)
　　　　　　two multiplied by five (2 × 5)

173 □ 50 divided by 10 is 5：50÷10は5である

Fifty divided by ten is five.
(50 ÷ 10 は 5 である (50 ÷ 10 = 5)。)

発音 divided /diváidid/

類似表現：50 divided by 10 equals 5
　　　　　　50 divided by 10 is equal to 5

関連表現：100 divided by 2 (100 ÷ 2)
　　　　　　5 divided by x (5 ÷ x)
　　　　　　2x divided by y (2x ÷ y)

174 □ be divisible by 3：3で割り切れる

For example, 24 is divisible by 3.
(例えば、24 は 3 で割り切れる。)

発音 divisible /divízəbl/

類似表現：can be divided by 3

関連表現：be divisible by 2 or 5 (2か5で割り切れる)
　　　　　　be not divisible by 5 (5では割り切れない)
　　　　　　can be divided by 6 (6で割り切れる)
　　　　　　cannot be divided by 2 (2では割り切れない)

数学概念

175 ☐ be 3 with a remainder of 1：3余り1である

Ten divided by three **is three with a remainder of one**.
(10÷3は3余り1である。)

発音 remainder /riméindər/

類似表現：equal 3 with a remainder of 1, be equal to 3 with a remainder of 1
関連表現：a remainder of 3（余り3）
　　　　　　the remainder is 1（余りは1である）
　　　　　　be 5 with a remainder of 3（5余り3である）

176 ☐ be 5 cm by 7 cm by 3 cm：5 cm×7 cm×3 cmである

Its dimensions **are 5 cm by 7 cm by 3 cm**.
(その寸法は5 cm×7 cm×3 cmである。)

類似表現：be 5 by 7 by 3 cm
関連表現：be 10 by 8 by 12（10×8×12である）
　　　　　　be 2 by 2 by 2 meters（2×2×2メートルである）
　　　　　　be 3 centimeters by 5 centimeters（3センチ×5センチである）
　　　　　　a 3-by-5 cm rectangle（3×5センチの長方形）
　　　　　　a 10-by-10 grid（10×10の格子）
　　　　　　a 2×6 cm rectangle（2×6センチの長方形）

177 ☐ the sum of 5 and 7：5と7の和

The sum of 5 and 7 is 12.
(5と7の和は12である。)

発音 sum /sʌ́m/

類似表現：the sum of five and seven
関連表現：the sum of 7 and 3（7と3の和）
　　　　　　the sum of 0 and 6（0と6の和）
　　　　　　the sum of the three numbers（その3つの数の和）

178 ☐ the difference between 10 and 5：10と5の差

The difference between 10 and 5 is 5.
(10と5の差は5である。)

類似表現：the difference between ten and five
関連表現：the difference between 7 and 2（7と2の差）
　　　　　　the difference between 0 and 10（0と10の差）
　　　　　　the difference between n and m（nとmの差）

the difference between the two numbers（その２つの数の差）

179 □ the product of 5 and 0：５と０の積

The product of 5 and 0 is 0.
（５と０の積は０である。）

発音 product /prɑ́dʌkt/
類似表現：the product of five and zero
関連表現：the product of 2 and 9（２と９の積）
　　　　　the product of 0 and 8（０と８の積）
　　　　　the product of the number and 3（その数と３の積）

180 □ the quotient of 32 and 8：32と８の商

The quotient of 32 and 8 is 4.
（32と８の商は４である。）

発音 quotient /kwóuʃənt/
類似表現：the quotient of thirty-two and eight
関連表現：the quotient of 80 and 5（80と５の商）
　　　　　the quotient of the number and 7（その数と７の商）
　　　　　the quotient of 15 divided by 3（15÷３の商）

181 □ add 10 to the number：その数に10を足す

It is easy to **add 10 to the number**.
（その数に10を足すのは容易である。）

関連表現：add 3 to 5（５に３を足す）
　　　　　by adding 10（10を足すことで）
　　　　　by adding the first two numbers（最初の２つの数字を足すことで）
　　　　　if 20 is added to the number（その数に20が足される場合）

182 □ subtract 6 from the number：その数から６を引く

First, **subtract 6 from the number**.
（まず、その数から６を引く。）

発音 subtract /səbtrǽkt/
関連表現：subtract 30 from 50（50から30を引く）
　　　　　by subtracting 10 from the sum（その和から10を引くことで）
　　　　　continue subtracting 5（５を引き続ける）

183 ☐ **multiply the number by 0.8**：その数に0.8をかける

It is more desirable to **multiply the number by 0.8**.
(その数に 0.8 をかける方がより望ましい。)

発音　multiply /mʌ́ltəplài/
関連表現：multiply 8 by 3（8に3をかける）
　　　　　　multiply the number by −5（その数に−5をかける）
　　　　　　multiply the former by the latter（前者に後者をかける）
　　　　　　3 multiplied by 2 is 6（3×2は6である）

184 ☐ **divide the number by 5**：その数を5で割る

The next step is to **divide the number by 5**.
(次のステップは、その数を5で割ることである。)

発音　divide /diváid/
関連表現：divide 30 by 3（30 を3で割る）
　　　　　　divide 100 by 5（100 を5で割る）
　　　　　　20 divided by 10（20 ÷ 10）
　　　　　　the meaning of 30 divided by 3（30 ÷ 3の意味）

185 ☐ **the hundreds place**：100の位，百の位

The digit in **the hundreds place** is four times the digit in the tens place.
(100 の位の数は、10 の位の数の4倍である。)

関連表現：the ones place（1の位，一の位）
　　　　　　the digit in the tens place（10 の位の数，十の位の数）
　　　　　　be in the thousands place（1000 の位にある，千の位にある）
　　　　　　the ten-thousands place（10000 の位，1万の位）
　　　　　　the hundred thousands place（10 万の位）
　　　　　　the millions place（100 万の位）
　　　　　　the billions place（10 億の位）
　　　　　　the trillions place（1兆の位）

186 ☐ **the hundredths place**： 1/100の位（小数第2位）

The digit in **the hundredths place** is 7.
(1/100 の位の数は7である。)

発音　hundredths /hʌ́ndrədθ/
関連表現：the tenths place（1/10 の位（小数第1位））

be in the thousandths place（1/1000 の位(小数第3位)にある）
the digit in the ten-thousandths place（1/10000 の位(小数第4位)の数）
the hundred thousandths place（10万分の1の位(小数第5位)）
the millionths place（100万分の1の位(小数第6位)）
the billionths place（10億分の1の位(小数第9位)）
the trillionths place（1兆分の1の位(小数第12位)）

187 ☐ to 20 decimal places：小数第20位まで

Calculate it **to 20 decimal places**.
（それを小数第20位まで計算せよ。）

発音 decimal /désəməl/

類似表現：to the 20th decimal place
関連表現：to 3 decimal places（小数第3位まで）
to two decimal places（小数第2位まで）
to one decimal place（小数第1位まで）
the first decimal place（小数第1位）
the second decimal place（小数第2位）

188 ☐ be rounded up to 7.3：7.3に切り上げられる

Therefore, 7.28 can **be rounded up to 7.3**.
（したがって、7.28は7.3に切り上げることができる。）

関連表現：be rounded up to 200（200に切り上げられる）
be rounded down to 7.2（7.2に切り捨てられる）
be rounded to 2（2に四捨五入される）
be rounded off to 3.13（3.13に四捨五入される）
round 10.8 up to 11（10.8を11に切り上げる）
round 7.2 down to 7（7.2を7に切り捨てる）

189 ☐ a three-digit number：3桁の数字

For example, 138 is **a three-digit number**.
（例えば、138は3桁の数字である。）

発音 digit /dídʒit/

類似表現：a 3-digit number, a three-figure number, a 3-figure number
関連表現：a two-digit number（2桁の数字）
a 4-digit number（4桁の数字）
a five-figure number（5桁の数字）
a three-digit integer（3桁の整数）

英語論文数字表現 717

a seven-digit code（7桁のコード）

190 □ the last two digits：下2桁

The last two digits must be divisible by 9.
（下2桁は、9で割り切れなければならない。）

類似表現：the final two digits
関連表現：the last digit（下1桁）
　　　　　　the final digit（下1桁）
　　　　　　the first digit（上1桁）
　　　　　　the first three digits（上3桁）

191 □ have 5 digits：5桁である

The number **has 5 digits**.
（その数は5桁である。）

類似表現：have five digits
関連表現：have four digits（4桁である）
　　　　　　have 2 digits（2桁である）
　　　　　　have more than 10 digits（10桁を超えている）
　　　　　　a number with 8 digits（8桁の数）
　　　　　　a number with over 10 digits（10桁を超える数字）
　　　　　　one digit（1桁）
　　　　　　fewer than 20 digits（20桁未満）
　　　　　　be 5 digits long（5桁の長さがある）

192 □ the first quadrant：第1象限

Point C is in **the first quadrant**.
（点Cは第1象限にある。）

発音 quadrant /kwɔ́drənt/
関連表現：in the fourth quadrant（第4象限で，第4象限では）
　　　　　　in the first and second quadrants（第1象限と第2象限に）
　　　　　　lie in the second quadrant（第2象限にある）
　　　　　　be located in the third quadrant（第3象限に位置する）

193 □ equation (7)：式(7)

It is obtained from the solution of **equation (7)**.
（それは、式(7)の解から得られる。）

発音 equation /ikwéiʒən/

類似表現：Equation (7), Eq. (7)
関連表現：the right-hand side of Equation (5)（式(5)の右辺）
　　　　　　the left-hand side of Equation (5)（式(5)の左辺）
　　　　　　according to Eq. (2)（式(2)によれば）
　　　　　　Eqs. (2) and (3)（式(2)と式(3)）
　　　　　　the denominator of equation (9)（式(9)の分母）
　　　　　　the numerator of equation (9)（式(9)の分子）
　　　　　　a linear equation（一次方程式）
　　　　　　a quadratic equation（二次方程式）
　　　　　　a cubic equation（三次方程式）

194 □ the second term：第2項

The second term of equation (5) is 20.
（式(5)の第2項は20である。）
関連表現：the first term（第1項）
　　　　　　the second and third terms of (16)（(16)の第2項と第3項）
　　　　　　the second term is 6（第2項は6である）

195 □ have two solutions：解が2つある

This equation **has two solutions**.
（この方程式には解が2つある。）
類似表現：have 2 solutions
関連表現：have three solutions（解が3つある）
　　　　　　have more than one solution（2つ以上の解がある）
　　　　　　have only one solution（解が1つしかない）
　　　　　　these two solutions（この2つの解）

196 □ have three angles：角が3つある，3つの角がある

A triangle **has three angles**.
（三角形には角が3つある。）
類似表現：have 3 angles
関連表現：have 5 angles（角が5つある）
　　　　　　have four right angles（直角が4つある）
　　　　　　have four equal angles（角度の等しい角が4つある）
　　　　　　the six angles（その6つの角）

197 □ have 3 sides：3つの辺がある，辺が3つある

英語論文数字表現 **717**

A triangle **has 3 sides**.
（三角形には辺が3つある。）
メモ side = 平面図形の辺
類似表現：have three sides
関連表現：have ten sides（10の辺がある）
　　　　　　have four equal sides（等しい長さの辺が4つある）
　　　　　　have three equal-length sides（3辺の長さが等しい）
　　　　　　have three sides of equal length（3辺の長さが等しい）
　　　　　　a shape with three sides（3つの辺を持つ図形）
　　　　　　the three sides of this triangle（この三角形の3辺）

198 □ **have 12 edges**：12の辺がある

This cube **has 12 edges**.
（この立方体には12の辺がある。）
メモ edge = 空間図形の辺
類似表現：have twelve edges
関連表現：have ten edges（10の辺がある）
　　　　　　there are 50 edges（50の辺がある）
　　　　　　a solid shape with 9 edges（9つの辺を持つ立体図形）

199 □ **have 8 vertices**：頂点が8つある，8つの頂点がある

A cuboid **has 8 vertices**.
（直方体には頂点が8つある。）
発音 【単数】vertex /vˈɚːrteks/ 【複数】vertices /vˈɚːrtəsìːz/
類似表現：have eight vertices
関連表現：have four vertices（頂点が4つある）
　　　　　　have at least 5 vertices（少なくとも5つの頂点がある）
　　　　　　have a vertex（1つの頂点がある，頂点が1つある）
　　　　　　these two vertices（この2つの頂点）
　　　　　　a polygon with 4 vertices（4つの頂点を持つ多角形）

200 □ **have 6 faces**：面が6つある，6つの面がある

A cube **has 6 faces**.
（立方体には面が6つある。）
類似表現：have six faces
関連表現：have four faces（4つの面がある）
　　　　　　have no faces（面が1つもない）

all five faces（5面の全て）
a polyhedron with eight faces（8つの面を持つ多面体）

201 □ a five-sided figure：辺が5つある図形

A pentagon is **a five-sided figure**.
（五角形は、辺が5つある図形である。）

類似表現：a five-sided shape
関連表現：a five-sided polygon（辺が5つある多角形）
a four-sided polygon（辺が4つある多角形）
a six-sided figure（辺が6つある図形）
a twelve-sided shape（辺が12ある図形）

202 □ 10 equal parts：10等分

Then, divide it into **10 equal parts**.
（次に、それを10等分する。）

類似表現：ten equal parts
関連表現：divide it into five equal parts（それを5等分する）
divide this triangle into two equal parts（この三角形を2等分する）
be divided into three equal parts（3等分される）
can be divided into 4 equal parts（4等分できる）

203 □ have a standard deviation of 4.5：標準偏差が4.5である

The population **has a standard deviation of 4.5**.
（その母集団は、標準偏差が4.5である。）

発音 deviation /dìːviéiʃən/
関連表現：have a standard deviation of about 15%（標準偏差が約15%である）
a standard deviation of 3.7（3.7の標準偏差）
a standard deviation of 6.2 cm（6.2 cmの標準偏差）
with a standard deviation of 0.062（0.062の標準偏差で）
with a standard deviation of about 10 g（約10 gの標準偏差で）

204 □ have a mean of 120：平均値が120である

The population **has a mean of 120**.
（その母集団は、平均値が120である。）

発音 mean /míːn/
関連表現：have a mean of 72（平均値が72である）
have a mean of zero（平均値が0である）

with a mean of 102.3（平均値 102.3 で）
with a mean of 20.8%（平均 20.8% で）
a mean of 0.7 mm（平均で 0.7 ミリ）
for a mean of 3.5 years（平均で 3.5 年間）
have a median of 56（中央値が 56 である）

205 □ the average of 32, 28, and 51：32，28，51の平均値

The average of 32, 28, and 51 is 37.
(32, 28, 51 の平均値は、37 である。)

発音 average /ǽvəridʒ/
類似表現：the mean of 32, 28, and 51
関連表現：the average of 50 and 70（50 と 70 の平均値）
the average of five measurements（5 回の測定の平均値）
the average of the 10 trials（その 10 回の試行の平均値）
the average of the three values（その 3 つの値の平均値）
the mean of the following three numbers（以下の 3 つの数字の平均値）

測定表現

206 □ be 12 centimeters long：長さが12センチである

The needle **is 12 centimeters long**.
(その針は、長さが 12 センチである。)

類似表現：be 12 cm long
関連表現：be 3 m long（長さが 3 メートルである）
be 70 yards long（長さが 70 ヤードである）
be approximately 37 centimeters long（長さが約 37 センチである）
be 100 kilometers long（長さが 100 キロである）

207 □ be 700 meters in length：長さが700メートルである

This river is about **700 meters in length**.
(この川は、長さが約 700 メートルである。)

発音 length /léŋkθ/
類似表現：be 700 m in length
関連表現：be 10 centimeters in length（長さが 10 センチである）
be more than 50 meters in length（長さが 50 メートル以上ある）
be equal in length（長さが同じである）

be about 2 m in total length（全長が約2メートルである）

208 □ be 12,500 words long：12,500語の長さがある

This article **is** about **12,500 words long**.
（この論文は、約12,500語の長さがある。）

類似表現：be 12,500 words in length
関連表現：be 20 pages long（20ページの長さがある）
　　　　　　be 30 lines long（30行の長さがある）
　　　　　　be 5 digits long（5桁の長さがある）
　　　　　　be 500 words or more in length（500語以上の長さである）
　　　　　　be 20 characters in length（20文字の長さがある）
　　　　　　be 10 seconds long（10秒の長さがある）
　　　　　　be 50 minutes long（50分の長さがある）

209 □ have a length of 2 kilometers：2キロの長さがある

This bridge **has a length of** about **2 kilometers**.
（この橋は、約2キロの長さがある。）

類似表現：have a length of 2 km
関連表現：have a length of 80 km（80キロの長さがある）
　　　　　　have a length of 1 m（1メートルの長さがある）
　　　　　　have a total length of 25 mm（全長25ミリの長さがある）
　　　　　　have a side length of 3 cm（1辺の長さが3センチである［正方形］）
　　　　　　have a maximum length of 20 cm（最大で20センチの長さがある）

210 □ be 25 meters deep：深さが25メートルである

This old well **is 25 meters deep**.
（この古い井戸は、深さが25メートルである。）

類似表現：be 25 m deep
関連表現：be 7 millimeters deep（深さが7ミリである）
　　　　　　be 23 cm deep（深さが23センチである）
　　　　　　be about 7 kilometers deep（深さが約7キロである）
　　　　　　be approximately 5 m deep（深さが約5メートルである）

211 □ be 32 centimeters in depth：深さが32センチである

The container **is 32 centimeters in depth**.
（その容器は、深さが32センチである。）

発音 depth /dépθ/

類似表現：be 32 cm in depth
関連表現：be 25 meters in depth (深さが25メートルである)
　　　　　be 0.6 m in depth (深さが0.6メートルである)
　　　　　be about 10 m in depth (深さが約10メートルである)
　　　　　be approximately 5 km in depth (深さが約5キロである)

212 ☐ have a depth of 30 meters：30メートルの深さがある

This lake **has a depth of** approximately **30 meters**.
(この湖は、約30メートルの深さがある。)

類似表現：have a depth of 30 m
関連表現：have a depth of 2.5 mm (2.5ミリの深さがある)
　　　　　have a mean depth of 3.2 m (平均3.2メートルの深さがある)
　　　　　reach a depth of 10 centimeters (深さ10センチに達する)
　　　　　at a depth of about 5 km (約5キロの深さで)

213 ☐ be 50 feet tall：50フィートの高さがある

The tree **is** about **50 feet tall**.
(その木は、約50フィートの高さがある。)

関連表現：be 30 centimeters tall (30センチの高さがある)
　　　　　be 10-15 cm tall (10-15センチの高さがある)
　　　　　be at least 5 m tall (少なくとも5メートルの高さがある)
　　　　　be 2500 pixels tall (2500ピクセルの高さがある)

214 ☐ be 634 meters high：高さが634メートルである

The tower **is 634 meters high**.
(その塔は、高さが634メートルである。)

類似表現：be 634 m high
関連表現：be 3 centimeters high (高さが3センチである)
　　　　　be 52.3 m high (高さが52.3mである)
　　　　　be 2 mm high (高さが2ミリである)
　　　　　be about 20 meters high (高さが約20メートルである)

215 ☐ be 20 centimeters in height：高さが20センチである

The beaker **is 20 centimeters in height**.
(そのビーカーは、高さが20センチである。)

発音 height /háit/

類似表現：be 20 cm in height

212 - 219

関連表現：be 15 meters in height（高さが 15 メートルである）
　　　　　be 3 cm in height（高さが3センチである）
　　　　　be 5 mm in height（高さが5ミリである）
　　　　　be approximately 45 m in height（高さが約 45 メートルである）

216 □ have a height of 2.3 m：2.3メートルの高さがある

However, the old tree **has a height of 2.3 m**.
（しかしながら、その老木は 2.3 メートルの高さがある。）

類似表現：have a height of 2.3 meters
関連表現：have a height of 10 cm（10 センチの高さがある）
　　　　　have an average height of 2000 m（平均 2000 メートルの高さがある）
　　　　　reach a height of 1.5 m（1.5 メートルの高さに達する）
　　　　　at a height of 40 meters（40 メートルの高さで）

217 □ be 3 centimeters wide：幅が3センチである

The ruler **is 3 centimeters wide**.
（そのものさしは、幅が3センチである。）

類似表現：be 3 cm wide
関連表現：be 10 meters wide（幅が 10 メートルである）
　　　　　be 5 mm wide（幅が5ミリである）
　　　　　be 6-8 feet wide（幅が 6-8 フィートである）
　　　　　be about 25 cm wide（幅が約 25 センチである）

218 □ be 5 meters across：幅が5メートルである，直径が5メートルである

This river **is 5 meters across**.
（この川は、幅が5メートルである。）

類似表現：be 5 m across
関連表現：be 3 feet across（幅が3フィートである）
　　　　　be 2.5 centimeters across（幅が 2.5 センチである）
　　　　　be about 2 mm across（直径が約2ミリである）

219 □ be 10 meters in width：幅が10メートルである

The road **is** approximately **10 meters in width**.
（その道は、幅が約 10 メートルである。）

発音　width /wídθ/　breadth /brédθ/

類似表現：be 10 m in width, be 10 meters in breadth, be 10 m in breadth

測定表現

関連表現：be 3 centimeters in width（幅が3センチである）
　　　　　be 24 mm in width（幅が24ミリである）
　　　　　be approximately 50 nm in width（幅が約50ナノメートルである）
　　　　　be 2 meters in breadth（幅が2メートルである）

220 □ have a width of 70 meters：70メートルの幅がある

The river **has a width of** about **70 meters**.
（その川は、約70メートルの幅がある。）

類似表現：have a width of 70 m
関連表現：have a width of 15 centimeters（15センチの幅がある）
　　　　　have a mean width of 3 mm（平均3ミリの幅がある）
　　　　　have a maximum width of 600 feet（最大幅が600フィートである）
　　　　　a river with a width of 12 meters（幅12メートルの川）

221 □ be 2 meters thick：厚さが2メートルである

The wall **is** about **2 meters thick**.
（その壁は、厚さが約2メートルである。）

類似表現：be 2 m thick
関連表現：be 3 mm thick（厚さが3ミリである）
　　　　　be 2.5 cm thick（厚さが2.5センチである）
　　　　　be about 10 centimeters thick（厚さが約10センチである）
　　　　　be approximately 0.7 mm thick（厚さが約0.7ミリである）

222 □ be 2 cm in thickness：厚さが2センチである

This copper plate **is 2 cm in thickness**.
（この銅板は、厚さが2センチである。）

発音 thickness /θíknəs/

類似表現：be 2 centimeters in thickness
関連表現：be 8 mm in thickness（厚さが8ミリである）
　　　　　be 1.5 m in thickness（厚さが1.5メートルである）
　　　　　be 2 inches in thickness（厚さが2インチである）
　　　　　be about 10 centimeters in thickness（厚さが約10センチである）

223 □ have a thickness of 5 centimeters：5センチの厚さがある

This dictionary **has a thickness of** about **5 centimeters**.
（この辞書は、約5センチの厚さがある。）

類似表現：have a thickness of 5 cm

関連表現：have a thickness of 7 mm（7ミリの厚さがある）
　　　　　have a thickness of 3.5 nm（3.5ナノメートルの厚さがある）
　　　　　have a thickness of about 3 meters（約3メートルの厚さがある）
　　　　　have a thickness of approximately 2.3 mm（約2.3ミリの厚さがある）

224 □ be 3 kg in weight：重さが3キロである

The bronze statue is 3 kg in weight.
（その銅像は、重さが3キロである。）

発音　weight /wéit/
類似表現：be 3 kilograms in weight
関連表現：be 2 tons in weight（重さが2トンである）
　　　　　be 50 g in weight（重さが50グラムである）
　　　　　be about 250 grams in weight（重さが約250グラムである）
　　　　　be approximately 10 kg in weight（重さが約10キロである）

225 □ have a weight of 200 grams：200グラムの重さがある

This stone has a weight of about 200 grams.
（この石は、約200グラムの重さがある。）

類似表現：have a weight of 200 g
関連表現：have a weight of 8.3 kilograms（8.3キロの重さがある）
　　　　　have a weight of about 20 tons（約20トンの重さがある）
　　　　　have a gross weight of 3 kg（総重量が3キロである）
　　　　　reach a weight of 1000 g（1000グラムの重さに達する）
　　　　　have an atomic weight of 16（16の原子量を有する）
　　　　　have a molecular weight of 192.33（192.33の分子量を有する）

226 □ weigh 1 kilogram：1キロの重さがある

The sandbag weighs 1 kilogram.
（その土嚢は、1キロの重さがある。）

発音　weigh /wéi/
類似表現：weigh 1 kg, weigh one kilogram
関連表現：weigh fifty grams（50グラムの重さがある）
　　　　　weigh 72 kilograms（72キロの重さがある）
　　　　　weigh about 10.2 kg（約10.2キロの重さがある）
　　　　　weigh between 50 kg and 60 kg（50キロから60キロの重さがある）
　　　　　weigh between 6 and 15 kg（6-15キロの重さがある）

227 □ have a mass of 70.5 g：70.5グラムの質量がある

Each beaker **has a mass of 70.5 g**.
（各ビーカーは、70.5 グラムの質量がある。）

発音 mass /mǽs/

類似表現：have a mass of 70.5 grams
関連表現：have a mass of 32.1 g（32.1 グラムの質量がある）
have an average mass of 3 kg（平均で3キロの質量がある）
have a total mass of 50 kg（50 キロの総質量がある）
an object with a mass of 10 kg（質量 10 キロの物体）
a mass of about 700 g（約 700 グラムの質量）

228 □ have a circumference of 25.8 centimeters：25.8センチの円周（周囲）がある

The circle **has a circumference of 25.8 centimeters**.
（その円は、25.8 センチの円周がある。）

発音 circumference /sərkʌ́mfərəns/

類似表現：have a circumference of 25.8 cm
関連表現：have a circumference of 8.4 km（8.4 キロの周囲がある）
have a circumference of 15 inches（15 インチの円周がある）
have a circumference of about 10 meters（約 10 メートルの周囲がある）

229 □ be 3.6 kilometers in circumference：周囲（円周）が約3.6キロである

The pond **is** about **3.6 kilometers in circumference**.
（その池は、周囲が約 3.6 キロである。）

類似表現：be 3.6 km in circumference
関連表現：be 10 centimeters in circumference（円周が 10 センチである）
be 20 meters in circumference（周囲が 20 メートルである）
be about 2.2 miles in circumference（周囲が約 2.2 マイルである）

230 □ be 5.2 kilometers around：周囲が5.2キロである

This pond **is 5.2 kilometers around**.
（この池は、周囲が 5.2 キロである。）

類似表現：be 5.2 km around
関連表現：be 30.8 centimeters around（周囲が 30.8 センチである）
be 300 meters around（周囲が 300 メートルである）

測定表現

be about 50 km around（周囲が約 50 キロである）

231 ☐ have a perimeter of 12 cm：周囲が 12 cm である，12 cm の周囲がある

This rectangle **has a perimeter of 12 cm**.
（この長方形は、周囲が12cm である。）

発音 perimeter /pərímətər/

類似表現：have a perimeter of 12 centimeters
関連表現：have a perimeter of 9 inches（9インチの周囲がある）
have a perimeter of 12 meters（12 メートルの周囲がある）
have a perimeter of approximately 20 km（約 20 km の周囲がある）

232 ☐ be 10 centimeters in diameter：直径が10センチである

The pot **is** about **10 centimeters in diameter**.
（その鉢は、直径が約 10 センチである。）

発音 diameter /daiǽmətər/

類似表現：be 10 cm in diameter
関連表現：be 3 meters in diameter（直径が3メートルである）
be 42 km in diameter（直径が 42 キロである）
be 2 mm in diameter（直径が2ミリである）
be about 1 inch in diameter（直径が約1インチである）
a tube of 3 mm in diameter（直径が3ミリの管）

233 ☐ have a diameter of 2 meters：2メートルの直径がある

Another circle **has a diameter of 2 meters**.
（もう1つの円は、2メートルの直径がある。）

類似表現：have a diameter of 2 m
関連表現：have a diameter of 5 mm（5ミリの直径がある）
have a diameter of 9 cm（9センチの直径がある）
have a diameter of about 2.5 m（約 2.5 メートルの直径がある）
a circle with a diameter of 7 cm（直径7cm の円）

234 ☐ have an inside diameter of 2 cm：2cmの内径がある

This rubber tube **has an inside diameter of 2 cm**.
（このゴム管は、2 cm の内径がある。）

類似表現：have an internal diameter of 2 cm, have an inner diameter of 2 cm

関連表現：have an inner diameter of 3.2 m（3.2mの内径がある）
　　　　　have an outside diameter of about 5cm（約5 cmの外径がある）
　　　　　have an external diameter of 1.3 meter（1.3メートルの外径がある）
　　　　　have an outer diameter of 10 inches（10インチの外径がある）
　　　　　a pipe with an inside diameter of 2 mm（内径2mmの管）

235 ☐ have an aperture of 1.5 meters：口径が1.5メートルである

This telescope **has an aperture of 1.5 meters**.
（この望遠鏡は、口径が 1.5 メートルである。）

発音 aperture /ǽpərtʃər/
類似表現：have an aperture of 1.5 m
関連表現：have an aperture of 13 mm（口径が13ミリである）
　　　　　have an aperture of about 2.6 inches（口径が約2.6インチである）
　　　　　a telescope with an aperture of 1 m（口径1メートルの望遠鏡）
　　　　　a 5-cm aperture（5cmの口径）

236 ☐ have a radius of 4 cm：4センチの半径がある

This circle **has a radius of 4 cm**.
（この円は、4センチの半径を持っている。）

発音 radius /réidiəs/
類似表現：have a radius of 4 centimeters
関連表現：have a radius of 3 meters（3メートルの半径がある）
　　　　　have a base radius of 5 cm（底面の半径が5cmである）
　　　　　a circle with a radius of 7 cm（半径7センチの円）

237 ☐ be 200 meters away from the center：
　　　　　　　　　　　　　　　中心から200メートル離れている，
　　　　　　　　　　　　　　　中心から200メートルの距離がある

For example, it **is 200 meters away from the center**.
（例えば、それは中心から 200 メートル離れている。）

類似表現：be 200 m away from the center
関連表現：be 3 meters away from the fire（火から3メートル離れている）
　　　　　be 30 cm away from the location（その位置から30センチ離れている）
　　　　　be 20 km away from the center（中心から20キロの距離がある）

238 ☐ be 50,000 acres in size：広さが5万エーカーである，
　　　　　　　　　　　　　　　大きさが5万エーカーである

The agricultural land **is 50,000 acres in size**.
（その農地は、広さが 5 万エーカーである。）

関連表現：be approximately 300 acres in size（広さが約 300 エーカーである）
　　　　　be about 0.1 mm in size（大きさが約 0.1 mm である）
　　　　　be 30×50 nm in size（大きさが 30 × 50 nm である）
　　　　　be 45 km² in size（広さが 45 km² である）
　　　　　be between 3 and 5 centimeters in size（大きさが 3-5 センチである）
　　　　　need a size of 2 km²（2 km² の広さを必要とする）
　　　　　reach a size of 10 to 15 cm（10-15 センチの大きさに到達する）
　　　　　have a mean size of 200 cm²（平均サイズが 200 cm² である）
　　　　　have an average size of 218 nm（平均サイズが 218 nm である）
　　　　　at a size of about 2.5 mm（約 2.5 ミリの大きさで）

239 ☐ **be 20 square centimeters in area**：面積が 20 平方センチメートルである

This triangle **is** about **20 square centimeters in area**.
（この三角形は、面積が約 20 平方センチメートルである。）

類似表現：be 20 cm² in area
関連表現：be 8 m² in area（面積が 8 平方メートルである）
　　　　　be 5.8 km² in area（面積が 5.8 平方キロメートルである）
　　　　　be 10 hectares in area（面積が 10 ヘクタールである）
　　　　　differ in area（面積が異なる）

240 ☐ **have an area of 700 square meters**：700 平方メートルの面積がある

The field **has an area of 700 square meters**.
（その畑は、700 平方メートルの面積がある。）

類似表現：have an area of 700 m²
関連表現：have an area of approximately 20 cm²
　　　　　　（約 20 平方センチメートルの面積がある）
　　　　　have an area of exactly 10 cm²
　　　　　　（ちょうど 10 平方センチメートルの面積がある）
　　　　　require an area of 10 m²（10 平方メートルの面積を必要とする）
　　　　　occupy an area of 12 km²（12 平方キロメートルの面積を占める）

241 ☐ **have a base area of 32 cm²**：32 cm² の底面積がある

This cone **has a base area of 32 cm²**.

（この円すいは、32 cm² の底面積がある。）

類似表現：have a base area of 32 square centimeters
関連表現：have a surface area of 25.6 m² (25.6 m² の表面積がある)
have a lateral area of 10 cm² (10 cm² の側面積がある)
have a cross-sectional area of 40 cm² (40 cm² の断面積がある)
have a total area of 10 m² (10 m² の総面積がある)

242 □ be 20 cubic meters in volume：体積が20立方メートルである

The prism **is 20 cubic meters in volume**.
（その角柱は、体積が 20 立方メートルである。）

類似表現：be 20 m³ in volume
関連表現：be 32.8 m³ in volume (体積が 32.8 立方メートルである)
be about 0.5 km³ in volume (体積が約 0.5 km³ である)
be approximately 33.8 cm³ in volume
　（体積が約 33.8 立方センチメートルである）
an increase in volume (体積の増加)

243 □ have a volume of 30 cubic centimeters：30立方センチメートルの体積がある

The sphere **has a volume of** about **30 cubic centimeters**.
（その球は、約 30 立方センチメートルの体積がある。）

類似表現：have a volume of 30 cm³
関連表現：have a volume of 2 cubic meters (2立方メートルの体積がある)
have a volume of 10.8 cm³ (10.8 cm³ の体積がある)
have a volume of about 12.9 cm³
　（約 12.9 立方センチメートルの体積がある）
have a volume of 10 liters (10 リットルの体積がある)

244 □ have a capacity of 25 ml：25 mlの容量がある

This test tube **has a capacity of 25 ml**.
（この試験管の容量は 25 ml である。）

発音 capacity /kəpǽsəti/

類似表現：have a capacity of 25 milliliters
関連表現：have a capacity of 5 liters (5リットルの容量がある)
have a capacity of 16 GB (16 GB の容量がある)
have a capacity of 200 m³ (200 立方メートルの容積がある)
have a maximum capacity of 1000 tons (最大容量が 1000 トンである)

245 ☐ have a density of 15.7 g/cm³ : 15.7 g/cm³の密度がある

The latter **has a density of 15.7 g/cm³**.
（後者には 15.7 g/cm³ の密度がある。）

発音 density /dénsəti/

類似表現：have a density of 15.7 grams per cubic centimeter
関連表現：have a density of 1 g/cm³（1 g/cm³ の密度がある）
　　　　　　have a density of 20 kg/m³（20 kg/m³ の密度がある）
　　　　　　have a vapor density of 15.8 g/m³（15.8 g/m³ の蒸気密度がある）

246 ☐ have a specific gravity of 2.55 : 2.55の比重がある

It **has a specific gravity of 2.55**.
（それには 2.55 の比重がある。）

発音 specific gravity /spesífik grǽvəti/

関連表現：have a specific gravity of 0.77（0.77 の比重がある）
　　　　　　have a specific gravity of around 2.12（約 2.12 の比重がある）
　　　　　　show a specific gravity of 1.05（1.05 の比重を示す）
　　　　　　be equal to a specific gravity of 2.98（2.98 の比重に等しい）

247 ☐ have a concentration of 12% : 濃度が12%である

This solution **has a concentration of 12%**.
（この溶液は、濃度が 12% である。）

発音 concentration /kɔ̀nsəntréiʃən/

類似表現：have a concentration of 12 percent
関連表現：have a concentration of 3.8%（濃度が 3.8% である）
　　　　　　have a concentration of 100%（濃度が 100% である）
　　　　　　have a concentration of about 7%（濃度が約 7% である）
　　　　　　have a concentration of over 10%（濃度が 10% を超えている）
　　　　　　a solution with a concentration of 25%（濃度が 25% の溶液）
　　　　　　at a concentration of 12%（12% の濃度で）
　　　　　　at a concentration of up to 30%（最大 30% の濃度で）
　　　　　　have a molarity of 1.5 M（モル濃度が 1.5 M である）
　　　　　　have a molar concentration of 0.5 M（モル濃度が 0.5 M である）

248 ☐ have a pressure of 800 hPa : 800ヘクトパスカルの圧力がある

Typhoon No.7 **has a** central atmospheric **pressure of 800 hPa**.
（台風 7 号は、800 ヘクトパスカルの中心気圧を備えている。）

英語論文数字表現 **717**

発音 pressure /préʃər/
類似表現：have a pressure of 800 hectopascals
関連表現：have a pressure of 500 hPa (500 ヘクトパスカルの圧力がある)
have a total pressure of 10 Pa (10 パスカルの全圧がある)
have a partial pressure of 1500 Pa (1500 パスカルの分圧がある)

249 □ have a resistance of 60Ω：60オームの抵抗がある

The former **has a resistance of 60Ω**.
(前者には 60 オームの抵抗がある。)

発音 resistance /rizístəns/
類似表現：have a resistence of 60 ohms
関連表現：have a resistance of 20 Ω (20 オームの抵抗がある)
have a resistance of only 10Ω (10 オームの抵抗しかない)
have a resistance of about 80Ω (約 80 オームの抵抗がある)
have a resistance of 20MΩ (20 メガオームの抵抗がある)

250 □ have a wavelength of 220 nm：220 nmの波長を持つ

The light **has a wavelength of 220 nm**.
(その光は 220 nm の波長を持っている。)

発音 wavelength /wéivlèŋkθ/
類似表現：have a wavelength of 220 nanometers
関連表現：have a wavelength of about 200 nm (約 200 nm の波長を持つ)
have a wavelength of approximately 750 nm (約 750 nm の波長を持つ)
have a wavelength of 5.3 cm (5.3 cm の波長を持つ)
a wavelength of 90 nm (90 nm の波長)
a wave with a wavelength of 1.2 m (波長 1.2 m の波)
occur at a wavelength of 600 nm (波長 600 nm で生じる)
a wavelength range of 200 to 400 nm (200-400 ナノメートルの波長範囲)

251 □ have a period of 10 seconds：10秒の周期を持つ

The wave **has a period of 10 seconds**.
(その波は 10 秒の周期を持っている。)

発音 period /pí(ə)riəd/
類似表現：have a period of ten seconds
関連表現：have a period of 20 seconds (20 秒の周期がある)
have a period of approximately ten years (約 10 年の周期を持つ)
with a period of 5 years (5 年周期で)

測定表現

80

with a period of 3-5 years（3-5年周期で）

(252) □ **have a cycle of 24 hours**：24時間周期を持つ

For instance, it **has a cycle of 24 hours**.
（例えば、それは24時間周期を持っている。）
類似表現：have a 24-hour cycle
関連表現：have a cycle of 8 years（8年周期を持つ）
　　　　　a five-year cycle（5年周期）
　　　　　in a ten-year cycle（10年周期で）

(253) □ **have a duration of 7-9 minutes**：7-9分の持続時間を持つ

It **has a duration of 7-9 minutes**.
（それは7-9分の持続時間を有している。）
発音　duration /djuréiʃən/
関連表現：have a duration of over 6 hours（6時間以上の持続時間を持つ）
　　　　　a duration of 3 seconds（3秒の持続時間）
　　　　　a duration of about 5 minutes（約5分の持続時間）

(254) □ **have a sugar content of 13.5%**：13.5%の糖分がある

It **has a sugar content of 13.5%**.
（それには13.5%の糖分がある。）
発音　content /kɔ́ntent/
関連表現：have a sugar content of about 17%（約17%の糖分がある）
　　　　　have an alcohol content of 25%（25%のアルコール分がある）
　　　　　have a salt content of 1.8%（1.8%の塩分がある）
　　　　　have a water content of 70% or higher（70%以上の水分がある）
　　　　　have an oil content of 27 percent（27%の油分がある）
　　　　　have a fat content of about 45%（脂肪分が約45%である）
　　　　　grapes with a sugar content of 15%（糖分15%のブドウ）

度数表現

(255) □ **90 degrees**：90度

A right angle is **90 degrees**.
（直角は90度である。）

英語論文数字表現 717

発音 degree /dɪgríː/
メモ 角度の単位（度数法）
類似表現：90°
関連表現：a 25-degree angle（25 度の角度）
　　　　　 a 90° angle（90 度の角度）
　　　　　 an angle of more than 60 degrees（60 度を超える角）
　　　　　 an angle of less than 60 degrees（60 度未満の角）
　　　　　 be greater than 45 degrees（45 度より大きい）
　　　　　 be less than 45 degrees（45 度より小さい）
　　　　　 have an angle of 21.5 degrees（角度が 21.5 度である）
　　　　　 form an angle of 30 degrees（30 度の角を成す）
　　　　　 form a 90 degree angle（90 度の角を成す）
　　　　　 be tilted about 23.5 degrees（約 23.5 度傾いている）
　　　　　 be rotated 90 degrees（90 度回転させられる）

256 □ **at an angle of 60 degrees**：60度の角度で

The surface was cut **at an angle of 60 degrees**.
（その表面は、60 度の角度で切られた。）

類似表現：at an angle of 60°
関連表現：at an angle of 45 degrees（45 度の角度で）
　　　　　 at a 15-degree angle（15 度の角度で）
　　　　　 at a 90° angle（90 度の角度で）
　　　　　 at an angle of 75 degrees to the axis（その軸に対して 75 度の角度で）

257 □ **3.14 radians**：3.14ラジアン

The angle is **3.14 radians**.
（その角度は 3.14 ラジアンである。）

発音 radian /réɪdiən/
メモ 角度の単位（弧度法）
類似表現：3.14 rad
関連表現：one radian（1 ラジアン）
　　　　　 2 rad（2 ラジアン）
　　　　　 an angle of 1 radian（1 ラジアンの角度）
　　　　　 30 radians per second（30 ラジアン毎秒）
　　　　　 at 120 rad/s（120 ラジアン毎秒で）

258 □ **have a gradient of 18.2 degrees**：18.2 度の勾配がある，
　　　　　　　　　　　　　　　　　　　　　　18.2 度の傾斜がある

度数表現

It **has a gradient of 18.2 degrees**.
(それには 18.2 度の勾配がある。)

発音 gradient /gréidiənt/
関連表現：a gradient greater than 20 degrees (20 度以上の勾配)
　　　　　　a greadient of one in ten (1 / 10 の勾配)
　　　　　　at a gradient of 25 degrees (25 度の勾配で)
　　　　　　at a gradient of 1 in 4 (1 / 4 の勾配で)
　　　　　　a 30 degree incline (30 度の勾配)
　　　　　　at an incline of 15 degrees (15 度の勾配で)
　　　　　　a slope of 45 degrees (45 度の傾斜, 45 度の勾配)
　　　　　　have a slope of 1/50 (1 /50 の勾配がある)

259 ☐ **minus 10 degrees Celsius**：摂氏－10度，摂氏マイナス10度

Cool it to **minus 10 degrees Celsius**.
(それを摂氏 - 10 度まで冷やす。)

発音 Celsius /sélsiəs/
類似表現：minus ten degrees Celsius, - 10℃
関連表現：minus five degrees (マイナス5度)
　　　　　　minus 25 degrees (マイナス 25 度)
　　　　　　minus 40 degrees Fahrenheit (華氏マイナス 40 度)
　　　　　　zero degrees (0 度)

260 ☐ **12.8 degrees below zero**：マイナス12.8度，零下12.8度

The thermometer registered **12.8 degrees below zero**.
(その温度計は、マイナス 12.8 度を記録した。)

類似表現：minus 12.8 degrees
関連表現：10 degrees below zero (マイナス 10 度)
　　　　　　fifty degrees below zero (マイナス 50 度)
　　　　　　10 to 20 degrees below zero (零下 10-20 度)
　　　　　　at 20 degrees below zero (マイナス 20 度で, 零下 20 度で)
　　　　　　minus two degrees (マイナス2度)

261 ☐ **3.9 degrees above zero**：プラス3.9度

The thermometer registers **3.9 degrees above zero**.
(その温度計は、プラス 3.9 度を指し示している。)

類似表現：plus 3.9 degrees
関連表現：20 degrees above zero (プラス 20 度)

度数表現

英語論文数字表現 **717**

　　　　　　five degrees above zero（プラス5度）
　　　　　　at 25 degrees above zero（プラス25度で）
　　　　　　plus five degrees（プラス5度）

262 □ **at 100 degrees Celsius**：摂氏100度で

In general, water boils **at 100 degrees Celsius**.
（一般に、水は摂氏100度で沸騰する。）

発音　Celsius /sélsiəs/
メモ　摂氏温度のマーカー
類似表現：at 100 degrees centigrade, at 100℃
関連表現：at zero degrees Celsius（摂氏0度で）
　　　　　　at 450 degrees Celsius（摂氏450度で）
　　　　　　at minus 32 degrees Celsius（摂氏−32度で）
　　　　　　at thousands of degrees Celsius（摂氏数千度で）
　　　　　　at 0℃（摂氏0度で）
　　　　　　at 100℃（摂氏100度で）
　　　　　　at −10℃（摂氏−10度で）
　　　　　　at 20-25℃（摂氏20-25度で）
　　　　　　even at 25℃（摂氏25度でも）
　　　　　　at approximately 25℃（摂氏約25度で）
　　　　　　be maintained at 5℃（摂氏5度に保たれる）
　　　　　　be stored at −20℃（摂氏−20度で貯蔵される）
　　　　　　be heated to 60℃（摂氏60度に熱せられる）
　　　　　　be heated above 80℃（摂氏80度以上に熱せられる）
　　　　　　be kept below 5℃（摂氏5度未満に保たれる）
　　　　　　boil at 100℃（摂氏100度で沸騰する）
　　　　　　a difference of 5℃（摂氏5度の差）
　　　　　　a minimum temperature of 25℃（摂氏25度の最低温度）
　　　　　　a temperature below 10℃（摂氏10度未満の温度）
　　　　　　the reaction rate at 25℃（摂氏25度での反応速度）
　　　　　　the refrigerator set at 2℃（摂氏2度に設定された冷蔵庫）

263 □ **at 0 degrees centigrade**：摂氏0度で

In general, water freezes **at 0 degrees centigrade**.
（一般に、水は摂氏0度で凍る。）

発音　centigrade /séntəgrèid/
メモ　摂氏温度のマーカー
類似表現：at 0 degrees Celsius, at 0℃

度数表現

84

関連表現：at 85 degrees centigrade（摂氏85度で）
　　　　　at minus 8 degrees centigrade（摂氏-8度で）
　　　　　at about 25 degrees centigrade（摂氏約25度で）

264 □ **at 212 degrees Fahrenheit**：華氏212度で

In general, water boils **at 212 degrees Fahrenheit**.
（一般に、水は華氏212度で沸騰する。）

発音 Fahrenheit /fǽrənhàit/
メモ 華氏温度のマーカー
類似表現：at 212°F
関連表現：at 152 degrees Fahrenheit（華氏152度で）
　　　　　at about 100 degrees Fahrenheit（華氏約100度で）
　　　　　at minus 50 degrees Fahrenheit（華氏-50度で）

265 □ **have a temperature of 35.8°C**：摂氏35.8度の温度がある

It **has a temperature of 35.8°C**.
（それは摂氏35.8度の温度を備えている。）

発音 temperature /témpərətʃər/
類似表現：have a temperature of 35.8 degrees Celsius
　　　　　have a temperature of 35.8 degrees centigrade
関連表現：have a temperature of about 40°C（摂氏約40度の温度がある）
　　　　　maintain a temperature of 80°C（摂氏80°Cの温度を保つ）
　　　　　have an annual average temperature of 15.2°C
　　　　　　（年間平均気温が摂氏15.2度である）
　　　　　have a boiling point of 100°C（沸点が摂氏100度である）
　　　　　have a melting point of 0°C（融点が摂氏0度である）

266 □ **at a temperature of 50°C**：摂氏50度の温度で

The experiment was conducted **at a temperature of 50°C**.
（その実験は、摂氏50度の温度で行われた。）

類似表現：at a temperature of 50 degrees Celsius
　　　　　at a temperature of 50 degrees centigrade
関連表現：at a temperature of 28.3°C（摂氏28.3度の温度で）
　　　　　at a temperature of 50-60°C（摂氏50-60度の温度で）
　　　　　at a temperature of over 100°C（摂氏100度以上の温度で）
　　　　　at a temperature of approximately 22°C（摂氏約22度の温度で）
　　　　　only at a temperature of 10°C（摂氏10度の温度でのみ）

英語論文数字表現 717

❷❻❼ ☐ **400 kelvins**：400ケルビン

It was heated to a temperature of **400 kelvins**.
（それは 400 ケルビンの温度まで熱せられた。）

発音 kelvin /kélvin/
メモ 絶対温度の単位
類似表現：400 K, 400 Kelvin, 400 degrees Kelvin
関連表現：at a temperature of 200 K（200 ケルビンの温度で）
　　　　　　a temperature of 1 K（1 ケルビンの温度）
　　　　　　be below 20 K（20 ケルビン未満である）
　　　　　　have a temperature of about 120 K（約 120 ケルビンの温度がある）

❷❻❽ ☐ **have a humidity of 52％**：湿度52％である

This room **has a humidity of 52％**.
（この部屋は湿度 52% である。）

発音 humidity /hjuːmídəti/
類似表現：have a humidity of 52 percent
関連表現：have a humidity of 16%（湿度 16% である）
　　　　　　have a humidity of about 20%（湿度約 20% である）
　　　　　　have a relative humidity of 50%（相対湿度 50% である）

❷❻❾ ☐ **at a humidity of 65％**：湿度65％で

This egg was incubated **at a humidity of 65％**.
（この卵は湿度 65% で孵化した。）

類似表現：at 65% humidity, with a humidity of 65%, with 65% humidity
関連表現：at a humidity of 40 percent（湿度 40% で）
　　　　　　at a relative humidity of 60%（相対湿度 60% で）
　　　　　　with a relative humidity of 30%（相対湿度 30% で）
　　　　　　at 100% humidity（湿度 100% の時に，湿度 100% で）
　　　　　　at 50-60% humidity（湿度 50-60% で）
　　　　　　with 75.2% humidity（湿度 75.2% で）
　　　　　　even at 50% relative humidity（相対湿度 50% でも）

❷❼⓪ ☐ **17.5 degrees Brix**：糖度17.5度

The watermelon measures **17.5 degrees Brix**.
（そのスイカは糖度 17.5 度である。）

発音 Brix /bríks/

類似表現：17.5 °Brix, 17.5 °Bx
関連表現：one degree Brix（糖度1度）
　　　　　　about 10 degrees Brix（糖度約10度）
　　　　　　at 15 degrees Brix（糖度15度で）
　　　　　　be 20 degrees Brix（糖度20度である）
　　　　　　be equivalent to 1.8 degrees Brix（糖度1.8度に等しい）

速度表現

271 □ at 20 kilometers per hour：時速20キロで

The robot rotates **at 20 kilometers per hour**.
（そのロボットは、時速20キロで回転する。）

発音 kilometer(s) per hour /kilɔ́mətər(z) pər áuər/

類似表現：at 20 km/h, at 20 kilometers an hour, at 50 kph
関連表現：at approximately 100 kilometers per hour（時速約100キロで）
　　　　　　at 50 meters per minute（分速50メートルで）
　　　　　　at 3 meters per second（秒速3メートルで）
　　　　　　at 45 miles per hour（時速45マイルで）
　　　　　　at 30 mph（時速30マイルで）
　　　　　　move at 25 km/h（時速25キロで動く）
　　　　　　move at 25 m/m（分速25メートルで動く）

272 □ 20 meters per minute：分速20メートル

The speed is **20 meters per minute**.
（その速さは分速20メートルである。）

類似表現：20 m/m, 20 meters a minute
関連表現：90 centimeters per minute（分速90センチメートル）
　　　　　　2.2 m/m（分速2.2メートル）
　　　　　　about 50 meters per minute（分速約50メートル）
　　　　　　1.5 kilometers per minute（分速1.5キロメートル）

273 □ 2 centimeters per second：秒速2センチメートル

The velocity is around **2 centimeters per second**.
（その速度は秒速約2センチメートルである。）

類似表現：2 cm/s, 2 centimeters a second
関連表現：100 meters per second（秒速100メートル）

英語論文数字表現 **717**

> 5 kilometers per second（秒速5キロ）
> about 3 meters per second（秒速約3メートル）
> about 1.8 m/s（秒速約1.8メートル）

❷❼❹ □ **have a speed of 45 km/h**：時速45キロの速さがある，速度が時速45キロである

This car **has a speed of 45 km/h**.
（この車は、速度が時速45キロである。）

類似表現：have a speed of 45 kilometers per hour
関連表現：have a speed of about 5 m/s（秒速約5メートルの速さがある）
have a speed of 30 knots（30ノットの速さがある）
have an average speed of 33 km/h（時速33キロの平均速度を持つ）
reach a speed of 10 km/h（時速10キロの速さに達する）

❷❼❺ □ **at a speed of 3 cm/s**：秒速3センチの速さ（速度）で

The object moves **at a speed of 3 cm/s**.
（その物体は、秒速3センチの速さで動く。）

類似表現：with a speed of 3 cm/s
関連表現：at a speed of 100 km/h（時速100キロの速さで）
at a speed of about 20 km/h（時速約20キロの速さで）
at a constant speed of 10 km/h（時速10キロの一定速度で）
at a maximum speed of 30 m/s（秒速30メートルの最高速度で）
with a speed of 20.5 m/s（秒速20.5メートルの速さで）
with a speed of 10 knots（10ノットの速さで）
at a rate of 5 cm per minute（1分間に5センチの速さで）

❷❼❻ □ **have a velocity of 28 mm/s**：秒速28ミリの速度がある，速度が秒速28ミリである

The latter **has a velocity of 28 mm/s**.
（後者の速度は秒速28ミリである。）

発音 velocity /vəlɔ́səti/

類似表現：have a velocity of 28 millimeters per second
関連表現：have a velocity of 20 miles per hour（時速20マイルの速度がある）
have a maximum velocity of about 50 km/h
　　（最高速度が時速約50キロである）
have a final velocity of 50 m/s（終速度が秒速50メートルである）
reach a velocity of 300 m/s（秒速300メートルの速度に達する）

速度表現

88

277 □ **at a velocity of 25 m/s**：秒速25メートルの速度で

The arrow was shot **at a velocity of 25 m/s**.
(その矢は、秒速25メートルの速度で放たれた。)

類似表現：with a velocity of 25 m/s
関連表現：at a velocity of 100 mm/s（秒速100ミリの速度で）
　　　　　with a velocity of 30 km/h（時速30キロの速度で）
　　　　　at a velocity of 7.8 m/s^2（7.8 m/s^2 の速度で）
　　　　　at a velocity of about 50 km/h（時速約50キロの速度で）
　　　　　at an average velocity of 5 km/h（時速5キロの平均速度で）
　　　　　with an initial velocity of 8 m/s（秒速8メートルの初速度で）

278 □ **20 knots**：20ノット

The ship has a maximum speed of **20 knots**.
(その船は、最高速度が20ノットである。)

発音　knot /nɔ́t/
メモ　速度の単位
類似表現：twenty knots
関連表現：one knot（1ノット）
　　　　　at 30 knots（30ノットで）
　　　　　at a speed of 20 knots（20ノットの速さで）
　　　　　with a speed of 10 knots（10ノットの速さで）
　　　　　have a speed of 100 knots（速さが100ノットである）

279 □ **Mach 1**：マッハ1

The maximum speed is **Mach 1**.
(その最大速度はマッハ1である。).

発音　Mach /mɑ́ːk/
メモ　速度の単位
関連表現：Mach 0.88（マッハ0.88）
　　　　　at a speed of Mach 1.2（マッハ1.2の速さで）
　　　　　reach Mach 1（マッハ1に達する）
　　　　　fly at Mach 5（マッハ5で飛行する）

280 □ **26.3 meters per second squared**：26.3メートル毎秒毎秒

Its acceleration is **26.3 meters per second squared**.
(その加速度は26.3メートル毎秒毎秒である。)

発音 meter(s) per second squared /míːtər(z) pər sékənd skwéərd/
メモ 加速度の単位
類似表現：26.3 m/s², 26.3 meters per second per second
関連表現：an acceleration of 8.9 m/s² (8.9 m/s² の加速度)
　　　　　　with an acceleration of −4.2 m/s² (−4.2 m/s² の加速度で)
　　　　　　be accelerated at 2.77 m/s² (2.77 m/s² で加速される)

---

281 ☐ have an acceleration of 10.8 m/s² : 10.8 m/s² の加速度がある

It **has an acceleration of 10.8 m/s²**.
(それには 10.8 m/s² の加速度がある。)

発音 acceleration /æksèləréiʃən/
関連表現：have an acceleration of −5.3 m/s² (−5.3 m/s² の加速度がある)
　　　　　　have an acceleration of zero (加速度が 0 である)
　　　　　　produce an acceleration of 12.6 m/s² (12.6 m/s² の加速度を生み出す)

---

282 ☐ at 1500 rpm : 毎分 1500 回転で

It was spun **at 1500 rpm**.
(それは毎分 1500 回転で回転させられた。)

発音 revolutions per minute /rèvəlúːʃənz pər mínit/
メモ 回転数の単位
類似表現：at 1500 revolutions per minute
関連表現：at 6500 rpm (毎分 6500 回転で)
　　　　　　at 200 rpm (毎分 200 回転で)
　　　　　　at a speed of 120 rpm (毎分 120 回転の速さで)
　　　　　　from 500 rpm to 800 rpm (毎分 500 回転から毎分 800 回転に)

倍率表現

283 ☐ 500 times : 500 倍

The total magnification is **500 times**.
(全体の倍率は 500 倍である。)

発音 times /táimz/
類似表現：500x
関連表現：10x (10 倍)
　　　　　　5000 times (5000 倍)

up to 500 times（最大で 500 倍）
approximately 40 times（約 40 倍）

284 ☐ have a magnification of 400：400倍の倍率である

This microscope **has a magnification of 400**.
（この顕微鏡は 400 倍の倍率である。）

発音 magnification /mæ̀gnəfikéiʃən/

類似表現：have a magnification of 400x, have a magnification of 400 times
関連表現：have a magnification of 10x（10 倍の倍率である）
have a magnification of 120 times（120 倍の倍率である）
have a maximum magnification of 200x（最大倍率 200 倍である）
a magnification of 8 times（8 倍の倍率）
a magnification of 100x（100 倍の倍率）
a magnification of about 1000x（約 1000 倍の倍率）
a microscope with a magnification of 60（倍率 60 倍の顕微鏡）

285 ☐ at 200x magnification：200倍の倍率で

The former is shown **at 200x magnification**.
（前者は 200 倍の倍率で示されている。）

類似表現：at a magnification of 200x, at a magnification of 200 times
関連表現：at 500x magnification（500 倍の倍率で）
at 800x magnification（800 倍の倍率では）
at a magnification of 60x（60 倍の倍率で）
at a magnification of 100 times（100 倍の倍率で）
at a total magnification of 500x（総合倍率 500 倍で）

世紀表現

286 ☐ the 18th century：18世紀

The roots of this process date back to **the 18th century**.
（このプロセスの起源は、18 世紀にさかのぼる。）

類似表現：the eighteenth century
関連表現：the 18th and 19th centuries（18 世紀と 19 世紀）
a twentieth-century concept（20 世紀の概念）
eighteenth-century painters（18 世紀の画家たち）
a mid-nineteenth-century scientist（19 世紀半ばの科学者）

英語論文数字表現 **717**

the early part of the 15th century（15 世紀初頭）
in nineteenth-century London（19 世紀のロンドンで）
in 17th-century Japan（17 世紀の日本では）
in mid-17th century Japan（17 世紀中葉の日本では）
in twentieth-century physics（20 世紀の物理学では）
from the seventeenth to the nineteenth century（17 世紀から 19 世紀まで）
at the turn of the eighteenth century（18 世紀の変わり目に）
as far as the nineteenth century is concerned（19 世紀に関する限り）
when compared with early-19th-century Japan
　（19 世紀初頭の日本と比べて）
be typical of the eighteenth century（18 世紀に典型的である）
be different from the 19th century（19 世紀とは異なっている）
enter the 21st century（21 世紀に入る）

287 □ the fifth century BC：紀元前5世紀

The fifth century BC begins in 500 BC.
（紀元前5世紀は、紀元前500年に始まる。）

メモ　BC = before Christ
類似表現：the 5th century BC, the fifth century B.C., the 5th century B.C.
関連表現：the 8th century BC（紀元前8世紀）
　　　　　　the first century B.C.（紀元前1世紀）
　　　　　　the 2nd and 1st centuries BC（紀元前2世紀と紀元前1世紀）
　　　　　　the late fifth century BC（紀元前5世紀末葉）
　　　　　　the year 5 B.C.（紀元前5年）

288 □ the 13th century AD：西暦13世紀

This record dates back to **the 13th century AD**.
（この記録は、西暦13世紀にさかのぼる。）

メモ　AD = *anno Domini*（ラテン語）
類似表現：the thirteenth century AD, the 13th century A.D., the thirteenth century A.D.
関連表現：the 7th century AD（西暦7世紀）
　　　　　　the eighth century AD（西暦8世紀）
　　　　　　the 9th and 10th centuries AD（西暦9世紀と10 世紀）
　　　　　　the early 2nd century AD（西暦2世紀初頭）
　　　　　　the year 707 A.D.（西暦707年）

289 □ in the nineteenth century：19世紀に

This practice began **in the nineteenth century**.
（この風習は、19世紀にはじまった。）

類似表現：in the 19th century
関連表現：in the eighteenth century（18世紀に）
　　　　　in the tenth century（10世紀に）
　　　　　in the twenty-first century（21世紀に）
　　　　　in the 17th century（17世紀に）
　　　　　in the 20th century（20世紀に）

290 □ at the beginning of the 17th century：17世紀の初めに、17世紀初頭に

The painter died **at the beginning of the 17th century**.
（その画家は、17世紀の初めに亡くなった。）

類似表現：at the beginning of the seventeenth century
関連表現：at the beginning of the nineteenth century（19世紀の初めに）
　　　　　at the beginning of the 20th century（20世紀初頭に）
　　　　　even at the beginning of the 19th century（19世紀の初頭でさえ）
　　　　　the beginning of the 13th century（13世紀初頭）
　　　　　at the start of the 21st century（21世紀の初めに）
　　　　　around the beginning of the 18th century（18世紀の初め頃に）
　　　　　in the early years of the 19th century（19世紀の初頭に）

291 □ in the middle of the 15th century：15世紀中頃に、15世紀半ばに

This practice was abandoned **in the middle of the 15th century**.
（この風習は、15世紀中頃に捨てさられた。）

類似表現：in the middle of the fifteenth century
関連表現：in the middle of the eighteenth century（18世紀中頃に）
　　　　　in the middle of the 19th century（19世紀半ばに）
　　　　　around the middle of the 17th century（17世紀半ば頃に）

292 □ at the end of the 19th century：19世紀の終わりに、19世紀末に

This technique began to be used **at the end of the 19th century**.
（この技法は、19世紀の終わりに使われはじめた。）

類似表現：at the end of the nineteenth century
関連表現：at the end of the 17th century（17世紀末に）

at the end of the third century（3世紀末に）
the end of the 20th century（20世紀末）
from the end of the eighteenth century to the present
　　（18世紀末から現在まで）
at the end of 1963（1963年末に）

293 □ in the early sixteenth century：16世紀初頭に，16世紀の初めに

This tendency began to appear **in the early sixteenth century**.
（この傾向は、16世紀初頭に現れはじめた。）

類似表現：in the early 16th century
関連表現：in the early 19th century（19世紀初頭に）
　　　　　　in the early 20th century（20世紀初頭に）
　　　　　　even in the early 20th century（20世紀初頭でさえも）
　　　　　　until the early twentieth century（20世紀初頭まで）
　　　　　　since the early eighteenth century（18世紀初頭以来）

294 □ in the mid-eighteenth century：18世紀半ばに，18世紀中頃に

The composer was born **in the mid-eighteenth century**.
（その作曲家は、18世紀半ばに生まれた。）

類似表現：in the mid-18th century
関連表現：in the mid-nineteenth century（19世紀半ばに）
　　　　　　in the mid-17th century（17世紀中頃に）
　　　　　　from the mid-eighteenth century（18世紀中頃から）
　　　　　　by the mid-nineteenth century（19世紀半ばまでに）
　　　　　　by the mid-20th century（20世紀の中頃までに）

295 □ in the late seventeenth century：17世紀末に，17世紀末葉に，17世紀後期に

This view was lost **in the late seventeenth century**.
（この見解は、17世紀末に消えうせた。）

類似表現：in the late 17th century
関連表現：in the late eighteenth century（18世紀末葉に）
　　　　　　in the late 19th century（19世紀後期に）
　　　　　　in the late 19th and early 20th centuries（19世紀末葉と20世紀初頭に）
　　　　　　from the late seventeenth century（17世紀末から）

296 □ early in the 20th century：20世紀初頭に，20世紀の初めに

This principle was discovered **early in the 20th century**.
（この原理は、20世紀初頭に発見された。）

類似表現：early in the twentieth century
関連表現：early in the sixteenth century （16世紀初頭に）
early in the 15th century （15世紀の初めに）
early in 1998 （1998年の初頭に）

297 ☐ midway in the 19th century：19世紀半ばに，19世紀中葉に

This machine was invented **midway in the 19th century**.
（この機械は、19世紀半ばに発明された。）

発音 midway /mídwéi/
類似表現：midway in the nineteenth century
関連表現：midway in the 18th century （18世紀半ばに, 18世紀中葉に）
midway in the 20th century （20世紀半ばに, 20世紀中葉に）
midway in the twelfth century （12世紀半ばに, 12世紀中葉に）
midway in the fifth century （5世紀半ばに, 5世紀中葉に）

298 ☐ late in the eighteenth century：18世紀末葉に，18世紀末に

This system was first introduced **late in the eighteenth century**.
（このシステムは、18世紀末葉にはじめて導入された。）

類似表現：late in the 18th century
関連表現：late in the sixteenth century （16世紀末葉に）
late in the 17th century （17世紀の末葉に）
until late in the 15th century （15世紀末まで）
late in 1980 （1980年末に）

299 ☐ during the eighteenth century：18世紀に，18世紀の間

This style was widely used **during the eighteenth century**.
（この様式は、18世紀に広く用いられた。）

類似表現：during the 18th century
関連表現：during the twentieth century （20世紀に）
during the mid-20th century （20世紀中頃に）
during the last three decades of the nineteenth century
　　（19世紀の最後の30年間に）
during the second quarter of the 17th century
　　（17世紀の第2四半世紀に）

300 □ since the 19th century：19世紀以降，19世紀以来

This method has not been used **since the 19th century**.
（この方法は、19 世紀以降、使用されていない。）

類似表現：since the nineteenth century
関連表現：since the 17th century（17 世紀以降）
　　　　　　since the early eighteenth century（18 世紀初頭以降）
　　　　　　since the late 19th century（19 世紀後半以降）
　　　　　　since the mid-5th century（5 世紀半ば以来）
　　　　　　ever since the 15th century（15 世紀以降ずっと）

301 □ throughout the nineteenth century：19 世紀を通して，19 世紀にわたって

This notion remained unchanged **throughout the nineteenth century**.
（この概念は、19 世紀を通して変わらぬままであった。）

類似表現：throughout the 19th century
関連表現：throughout the twentieth century（20 世紀にわたって）
　　　　　　throughout the 16th century（16 世紀を通して）

302 □ until the end of the 19th century：19 世紀の終わりまで，19 世紀末まで

This method was widely used **until the end of the 19th century**.
（この方法が、19 世紀の終わりまで広く用いられた。）

類似表現：until the end of the nineteenth century
関連表現：until the end of the eighteenth century（18 世紀末まで）
　　　　　　until the middle of the 20th century（20 世紀の中頃まで）
　　　　　　until the second half of the 20th century（20 世紀の後半まで）
　　　　　　until the first decade of the 20th century（20 世紀の最初の 10 年まで）
　　　　　　until the 19th century（19 世紀まで）
　　　　　　until the early 20th century（20 世紀の初頭まで）
　　　　　　until the mid-17th century（17 世紀の中頃まで）
　　　　　　until the late 19th century（19 世紀末葉まで）

303 □ by the end of the 20th century：20 世紀の末までに，20 世紀末までに

This relationship changed **by the end of the 20th century**.
（この関係は、20 世紀の末までに変化した。）

類似表現：by the end of the twentieth century
関連表現：by the end of the sixteenth century（16世紀末までに）
　　　　　by the beginning of the nineteenth century（19世紀初頭までに）
　　　　　by the 19th century（19世紀までに）
　　　　　by the early 7th century（7世紀初頭までに）
　　　　　by the mid-17th century（17世紀中頃までに）
　　　　　by the late 13th century（13世紀末葉までに）

304 □ towards the end of the 18th century：18世紀の末葉に

These changes occurred **towards the end of the 18th century**.
（これらの変化は、18世紀の末葉に生じた。）

類似表現：toward the end of the 18th century, toward(s) the end of the eighteenth century
関連表現：towards the end of the 20th century（20世紀の末葉に）
　　　　　towards the end of the fifteenth century（15世紀の末葉に）
　　　　　towards the middle of the 20th century（20世紀の半ばに）
　　　　　towards the middle of the seventeenth century（17世紀の中葉に）
　　　　　towards the middle and end of the 16th century
　　　　　　（16世紀の中葉から末葉に）

305 □ in the first half of the nineteenth century：19世紀の前半に

This book was published **in the first half of the nineteenth century**.
（この本は、19世紀の前半に出版された。）

類似表現：in the first half of the 19th century
関連表現：the first half of the twentieth century（20世紀前半）
　　　　　in the first half of the 13th century（13世紀の前半に）
　　　　　during the first half of the 18th century（18世紀の前半に）

306 □ in the second half of the nineteenth century：19世紀の後半に

This increased to 33% **in the second half of the 19th century**.
（19世紀の後半には、これが33%に増加した。）

類似表現：in the second half of the 19th century
関連表現：the second half of the fifteenth century（15世紀後半）
　　　　　in the second half of the 16th century（16世紀の後半に）
　　　　　by the second half of the eighteenth century（18世紀の後半までに）
　　　　　until the second half of the 20th century（20世紀の後半まで）

throughout the second half of the 20th century（20世紀の後半を通して）

307 □ in the former half of the 18th century：18世紀の前半に

This novel was written **in the former half of the 18th century**.
（この小説は、18世紀の前半に書かれた。）

発音　former /fɔ́:rmər/（前の）
類似表現：in the former half of the eighteenth century
関連表現：the former half of the 19th century（19世紀前半）
　　　　　　in the former half of the 17th century（17世紀の前半に）
　　　　　　from the former half of the 8th century（8世紀の前半から）

308 □ in the latter half of the 18th century：18世紀の後半に

This system was formed **in the latter half of the 18th century**.
（この体制は、18世紀の後半に出来上がった。）

発音　latter /lǽtər/（後の）
類似表現：in the latter half of the eighteenth century
関連表現：the latter half of the 15th century（15世紀後半）
　　　　　　in the latter half of the 20th century（20世紀の後半に）
　　　　　　during the latter half of the 10th century（10世紀の後半に）

309 □ in the third century BC：紀元前3世紀に

A similar situation occurred **in the third century BC.**
（似たような状況は、紀元前3世紀にも生じた。）

類似表現：in the 3rd century BC, in the third century B.C., in the 3rd century B.C.
関連表現：in the seventh century BC（紀元前7世紀に）
　　　　　　in the 4th or 5th century BC（紀元前4世紀か5世紀に）
　　　　　　in the fourth and third centuries BC（紀元前4-3世紀に）
　　　　　　between the 2nd century BC and the 3rd century AD
　　　　　　　　（紀元前2世紀から西暦3世紀の間に）

310 □ in the fifth century AD：西暦5世紀に

A dramatic change occurred **in the fifth century AD**.
（西暦5世紀に、劇的な変化が生じた。）

類似表現：in the 5th century AD, in the fifth century A.D., in the 5th century A.D.

関連表現：in the second century AD（西暦2世紀に）
　　　　　　in the 13th century A.D.（西暦13世紀に）
　　　　　　in the seventh and eighth centuries AD（西暦7-8世紀に）
　　　　　　at the end of the 1st century AD（西暦1世紀の末に）
　　　　　　by the beginning of the 2nd century AD（西暦2世紀の初めまでに）
　　　　　　between the 3rd century BC and the 3rd century AD
　　　　　　　（紀元前3世紀から西暦3世紀の間に）

311 □ during the first decade of the 21st century：
　　　　　　　　　　　　　　　　　　　21世紀の最初の10年間で

It was reestablished **during the first decade of the 21st century**.
（21世紀の最初の10年間で、それは再建された。）

類似表現：during the first decade of the twenty-first century
関連表現：during the first two decades of the twentieth century
　　　　　　　（20世紀の最初の20年間で）
　　　　　　during the last three decades of the nineteenth century
　　　　　　　（19世紀の最後の30年間で）
　　　　　　in the first decade of the sixteenth century（16世紀の最初の10年で）
　　　　　　until the first decade of the 20th century（20世紀の最初の10年まで）
　　　　　　during the first three quarters of the 20th century
　　　　　　　（20世紀の最初の75年間で）

312 □ in the last quarter of the 20th century：
　　　　　　　　　　　　　　　　　　　20世紀の最後の25年間で，
　　　　　　　　　　　　　　　　　　　20世紀の第4四半世紀に

This association became obscured **in the last quarter of the 20th century**.
（このつながりは、20世紀の最後の四半世紀で曖昧となった。）

発音 quarter /kwɔ́:rtər/

類似表現：in the last quarter of the twentieth century
関連表現：in the first/second/third/last quarter（第1/2/3/4四半世紀に）
　　　　　　in the third quarter of the 20th century（20世紀の第3四半世紀に）
　　　　　　during the second quarter of the 17th century（17世紀の第2四半世紀に）
　　　　　　the fourth quarter（第4四半世紀）

313 □ more than three centuries ago：3世紀以上前に

The effect was demonstrated **more than three centuries ago**.

(その効果は、3 世紀以上前に立証された。)

類似表現：more than 3 centuries ago
関連表現：a century ago（1 世紀前に，100 年前に）
　　　　　　　half a century ago（半世紀前に，50 年前に）
　　　　　　　three centuries ago（3 世紀前に）
　　　　　　　nearly a century ago（ほぼ一世紀前に）
　　　　　　　over a century ago（1 世紀以上前に）
　　　　　　　over two centuries ago（2 世紀以上前に）
　　　　　　　almost a century ago（ほぼ 1 世紀前に）
　　　　　　　a quarter of a century ago（四半世紀前に，25 年前に）
　　　　　　　centuries ago（何世紀も前に）

年月日

314 □ **in 1870**：1870 年に

This phenomenon was discovered **in 1870**.
(この現象は 1870 年に発見された。)

関連表現：in 1979 and 1980（1979 年と 1980 年に）
　　　　　　　start in 1999（1999 年にはじまる）
　　　　　　　end in 2008（2008 年に終わる）
　　　　　　　be recorded in 2000（2000 年に記録される）

315 □ **in early 1995**：1995 年初頭に

This project began **in early 1995**.
(このプロジェクトは、1995 年初頭に始まった。)

類似表現：early in 1995
関連表現：in early 2003（2003 年初頭に）
　　　　　　　in early 1938（1938 年初頭に）
　　　　　　　early in 1910（1910 年の初めに）

316 □ **in mid-2012**：2012 年半ばに

In Japan, this model was released **in mid-2012**.
(日本では、このモデルは 2012 年半ばに売り出された。)

関連表現：in mid-2013（2013 年半ばに）
　　　　　　　in mid-1988（1988 年半ばに）
　　　　　　　since mid-1971（1971 年の半ば以降）

by mid-1966（1966年の半ばまでに）

317 □ **in late 1972**：1972年末に

This was collected **in late 1972**.
（これは1972年末に収集された。）

類似表現：late in 1972
関連表現：in late 2000（2000年末に）
　　　　　　in late 1740（1740年末に）
　　　　　　late in 1997（1997年末に）
　　　　　　in late 1996 and early 1997（1996年末と1997年初めに）

318 □ **in 401 BC**：紀元前401年に

The fifth century BC ends **in 401 BC**.
（紀元前5世紀は、紀元前401年に終わる。）

類似表現：in 401 B.C.
関連表現：in 772 BC（紀元前722年に）
　　　　　　around 400 BC（紀元前400年頃に）
　　　　　　around 6000 B.C.（紀元前6000年頃に）
　　　　　　in the year 100 B.C.（紀元前100年に）

319 □ **in 900 AD**：西暦900年に

This temple was built **in 900 AD**.
（この寺院は、西暦900年に建立された。）

類似表現：in AD 900, in 900 A.D., in A.D. 900
関連表現：in 710 AD（西暦710年に）
　　　　　　in AD 794（西暦794年に）
　　　　　　between 600 and 700 A.D.（西暦600-700年の間に）
　　　　　　around 823 AD（西暦823年頃に）
　　　　　　by AD 580（西暦580年までに）
　　　　　　in the year 707 A.D.（西暦707年に）

320 □ **in the year 2009**：2009年には，2009年に

The sales amounted to 2 million yen **in the year 2009**.
（2009年には、その売り上げが200万円に達した。）

類似表現：in 2009
関連表現：in the year 1978（1978年に）
　　　　　　in the year 100 B.C.（紀元前100年に）

in the years 1967-8（1967-8 年に）
in the years between 1990 and 1995（1990 年から 1995 年の間に）

321 □ in the year 1999 alone：1999年だけで

In the year 1999 alone, close to three million people died from cancer.
（1999 年だけで、300 万人近くがガンで亡くなった。）

類似表現：in 1999 alone
関連表現：in 2008 alone（2008 年だけで）
　　　　 in the 1970s alone（1970 年代だけで）
　　　　 in the 1990s alone（1990 年代だけで）

322 □ around 1971：1971年頃に

This research project began **around 1971**.
（この研究プロジェクトは、1971 年頃にはじまった。）

関連表現：around A.D. 1300（西暦 1300 年頃に）
　　　　 around 410 B.C.（紀元前 410 年頃に）
　　　　 around 1200 BC（紀元前 1200 年頃）
　　　　 around 2004-2006（2004 年から 2006 年頃）
　　　　 until around 1909（1909 年頃まで）
　　　　 around October 30（10 月 30 日頃に）
　　　　 around the beginning of March（3 月の初め頃に）
　　　　 around the end of July（7 月の末頃に）
　　　　 around 9:30（9 時 30 分頃に）

323 □ since 1995：1995年以降，1995年以来

The price of soybeans has been on the rise **since 1995**.
（大豆の値段が、1995 年以降、上昇し続けてきた。）

関連表現：since 2002（2002 年以降）
　　　　 since April 2006（2006 年 4 月以降）
　　　　 since mid-July 2008（2008 年 7 月半ば以降）
　　　　 since the 1960s（1960 年代以降）
　　　　 every year since 1950（1950 年以降毎年）
　　　　 ever since 2008（2008 年以降ずっと）
　　　　 ever since March 3, 2000（2000 年 3 月 3 日以降ずっと）

324 □ throughout 2001：2001年の間中，2001年を通して

This situation lasted **throughout 2001**.
(この状況が 2001 年の間中続いた。)

関連表現：throughout March（3月の間中）
　　　　　throughout the year（年間を通して）
　　　　　throughout the 1970s（1970 年代を通して）
　　　　　throughout the past 50 years（過去 50 年間を通して）

325 □ in the 1980s：1980年代に

This situation began to change **in the 1980s**.
(この状況は、1980 年代に変わりはじめた。)

関連表現：in the 1840s（1840 年代に）
　　　　　in the 1920s（1920 年代に）
　　　　　in the 1970s and 1980s（1970 年代と 1980 年代に）
　　　　　in the 1970s, 1980s, and 1990s（1970 年代と 1980 年代と 1990 年代に）
　　　　　in the 1980s and early 1990s（1980 年代と 1990 年代初頭に）
　　　　　in the 1990s alone（1990 年代だけで）
　　　　　until the second half of the 1980s（1980 年代後半まで）
　　　　　begin in the 1990s（1990 年代にはじまる）

326 □ in the early 1990s：1990年代初頭に，1990年代初めに

The event occurred in Europe **in the early 1990s**.
(その事件は、1990 年代初頭にヨーロッパで起きた。)

関連表現：in the early 1800s（1800 年代初頭に）
　　　　　in the early 1970s（1970 年代初頭に）
　　　　　in the early 2000s（2000 年代初頭に）
　　　　　in the 1920s and early 1930s（1920 年代と 1930 年代初頭に）
　　　　　the movement of the early 1900s（1900 年代初頭の動向）
　　　　　remember the early 1970s（1970 年代初頭を思い出す）

327 □ in the mid-1970s：1970年代半ばに，1970年代中頃に

This framework was put forward **in the mid-1970s**.
(この枠組みは、1970 年代半ばに提案された。)

関連表現：in the mid-1980s（1980 年代中頃に）
　　　　　in the mid-1920s（1920 年代半ばに）
　　　　　in the mid-to-late 1970s（1970 年代半ばから後半に）

328 □ in the late 1960s：1960年代後半に，1960年代の末頃に

英語論文数字表現 **717**

This puzzle was solved **in the late 1960s**.
(この難問は、1960 年代後半に解決された。)
関連表現：in the late 1870s (1870 年代の末頃に)
　　　　　in the late 1990s (1990 年代後半に)

329 □ **in the 60s**：60年代に

This song became a big hit **in the 60s**.
(この歌は 60 年代に大ヒットした。)
類似表現：in the '60s, in the sixties
関連表現：in the early 80s (80 年代初頭に)
　　　　　in the mid-70s (70 年代半ばに)
　　　　　in the late 60s (60 年代後半に)
　　　　　in the early fifties (50 年代初頭に)
　　　　　in the mid-nineties (90 年代中頃に)
　　　　　in the late fifties (50 年代末に)
　　　　　since the early fifties (50 年代初頭以降)
　　　　　since the '70s (70 年代以降)

330 □ **during the 1970s**：1970年代に，1970年代の間

This animal became extinct **during the 1970s**.
(この動物は、1970 年代に絶滅した。)
関連表現：during the 1930s (1930 年代に，1930 年代の間)
　　　　　during the early 1990s (1990 年代の初頭に)
　　　　　during the mid-1980s (1980 年代の中頃に)
　　　　　during the late 1990s (1990 年代の後半に，1990 年代の末頃に)

331 □ **since the 1990s**：1990年代以降，1990年代以来

The growth rate has dropped **since the 1990s**.
(その成長率は、1990 年代以降下がってきた。)
関連表現：since the late 1970s (1970 年代後半以降)
　　　　　since the mid-1980s (1980 年代半ば以降)
　　　　　since the middle of the 1970s (1970 年代中頃以降)
　　　　　since the early 2000s (2000 年代初頭以来)
　　　　　especially since the 1990s (特に 1990 年代以降)

332 □ **throughout the 1940s**：1940年代を通して

This dispute was repeated **throughout the 1940s**.

（この論争は、1940年代を通して繰り返された。）
関連表現：throughout the 1970s（1970年代を通して）
throughout the 1980s and 1990s（1980年代と1990年代を通して）
throughout the late 1920s（1920年代後半を通して）

333 □ at the beginning of the 1990s：1990年代の初めに，1990年代初頭に

This development reversed **at the beginning of the 1990s**.
（この発展は、1990年代の初めに後退した。）
関連表現：at the beginning of the nineteenth century（19世紀初頭に）
at the beginning of 2006（2006年の初めに）
at the beginning of the year 2010（2010年の初めに）
at the beginning of March（3月の初めに）

334 □ at the end of the 1960s：1960年代の終わりに，1960年代末に

This structure was first discovered **at the end of the 1960s**.
（この構造は、1960年代の終わりにはじめて発見された。）
関連表現：at the end of the 1920s（1920年代の終わりに）
at the end of 1979（1979年の末に）
at the end of the 19th century（19世紀末に）
at the end of July（7月末に）

335 □ in the summer of 1970：1970年の夏に

The conference took place **in the summer of 1970**.
（その大会は、1970年の夏に行われた。）
関連表現：in the spring of 2009（2009年の春に）
in the autumn of 1960（1960年の秋に）
in the fall of 2009（2009年の秋に）
in the winter of 1995（1995年の冬に）
in the summer and fall of 2010（2010年の夏と秋に）
the winter of 1975（1975年の冬）

336 □ as recently as 2010：ごく最近の2010年に

It was discovered **as recently as 2010**.
（それは、ごく最近の2010年に発見された。）
関連表現：as recently as 1995（ごく最近の1995年に）
as recently as June 2014（ごく最近の2014年6月に）

as recently as April（ごく最近の4月に）
as recently as the 1990s（ごく最近の1990年代に）

337 □ as early as 1880：既に1880年に，早くも1880年に

This fact was recognized **as early as 1880**.
（この事実は、既に1880年に認識されていた。）

関連表現：as early as 1960（早くも1960年に）
　　　　　　as early as the 1920s（早くも1920年代に）
　　　　　　as early as March（早くも3月に，既に3月に）
　　　　　　as early as the 13th century（早くも13世紀に）
　　　　　　as early as the third century B.C.（早くも紀元前3世紀に）

338 □ as late as the 1970s：1970年代にまでも，1970年代になっても

This tendency remained **as late as the 1970s**.
（この傾向は、1970年代になっても残った。）

関連表現：as late as the 1980s（1980年代にまでも）
　　　　　　as late as 1979（1979年になっても）
　　　　　　as late as May（5月になっても）
　　　　　　as late as the twentieth century（20世紀にまでも）
　　　　　　as late as the 19th century（19世紀になっても）
　　　　　　as late as the early 18th century（18世紀初頭になっても）

339 □ as late as 1983：1983年になってやっと，
　　　　　　　　　　　　1983年になってようやく

This system was established **as late as 1983**.
（この制度は、1983年になってようやく確立された。）

関連表現：as late as 1950（1950年になってようやく）
　　　　　　as late as the 1950s（1950年代になってやっと）
　　　　　　as late as September 10th（9月10日になってようやく）
　　　　　　as late as the 15th century（15世紀になってようやく）
　　　　　　as late as the end of the nineteenth century（19世紀末になってやっと）
　　　　　　as late as the second half of the 16th century
　　　　　　　　（16世紀後半になってようやく）

340 □ in fiscal 1998：1998会計年度に

This survey was carried out **in fiscal 1998**.
（この調査は、1998会計年度に行われた。）

発音 fiscal /fískəl/
類似表現：in fiscal year 1998
関連表現：in fiscal 2010（2010 会計年度に）
　　　　　　in fiscal years 2005 and 2006（2005 会計年度と 2006 会計年度に）
　　　　　　from fiscal 2003 to fiscal 2005（2003 会計年度から 2005 会計年度まで）
　　　　　　fiscal year 2013（2013 会計年度）
　　　　　　the fiscal year 2001 budget（2001 会計年度の予算）

341 □ back in 1966：1966年の昔に，はるか1966年に

This book was translated into Japanese **back in 1966**.
（1966 年の昔に、この本は日本語に翻訳された。）
関連表現：back in 1932（1932 年の昔に）
　　　　　　back in the 1950s（はるか 1950 年代に）
　　　　　　back in the 18th century（18 世紀の昔に）
　　　　　　away back in 1880（1880 年のはるか昔に）

342 □ in August：8月に

The report was issued **in August**.
（その報告書は 8 月に発行された。）
関連表現：in March（3月に）
　　　　　　in May（5月に）
　　　　　　in October and November（10 月と 11 月に）
　　　　　　in January and February（1月と2月に）
　　　　　　in February three years ago（3 年前の2月に）

343 □ in August 2003：2003年8月に

This economic crisis occurred **in August 2003**.
（この経済危機は、2003 年 8 月に起こった。）
関連表現：in July 1944（1944 年7月に）
　　　　　　in April 1960（1960 年4月に）
　　　　　　in October 2004（2004 年 10 月に）
　　　　　　in March 2008（2008 年3月に）
　　　　　　in January 2013（2013 年1月に）

344 □ at the beginning of October：10月の初めに

Book sales declined **at the beginning of October**.
（本の売り上げは、10 月の初めに減少した。）

英語論文数字表現 **717**

関連表現：at the beginning of March（3月の初めに）
　　　　　at the beginning of September 2001（2001年の9月初めに）
　　　　　at the beginning of February 1988（1988年の2月初めに）

345 ☐ **in the middle of September 2005**：2005年9月中旬に，2005年9月半ばに

The book was published **in the middle of September 2005**.
（その本は、2005年9月中旬に出版された。）
関連表現：in the middle of March 2013（2013年3月半ばに）
　　　　　in the middle of August 1980（1980年8月中旬に）
　　　　　in the middle of December（12月中旬に）

346 ☐ **at the end of July**：7月末に

The research project started **at the end of July**.
（その研究プロジェクトは、7月末に始まった。）
関連表現：at the end of October（10月末に）
　　　　　at the end of May 2000（2000年の5月末に）
　　　　　at the end of April 1822（1822年の4月末に）

347 ☐ **in early September**：9月上旬に

The forum was held **in early September**.
（そのフォーラムは、9月上旬に開催された。）
類似表現：early in September
関連表現：in early February（2月上旬に）
　　　　　early in May（5月上旬に）
　　　　　early in April（4月上旬に）
　　　　　in early March of 1995（1995年の3月上旬に）
　　　　　in early February 2005（2005年2月上旬に）

348 ☐ **in mid-December**：12月中旬に

The workshop took place **in mid-December**.
（そのワークショップは、12月中旬に開催された。）
類似表現：in the middle of December
関連表現：in mid-September（9月中旬に）
　　　　　in mid-April（4月中旬に）
　　　　　in mid-October（10月半ばに）
　　　　　in mid-May 2000（2000年5月半ばに）

349 ☐ in late April：4月下旬に

This fact was revealed **in late April**.
（この事実は、4月下旬に明らかとなった。）

類似表現：late in April
関連表現：in late March（3月下旬に）
　　　　　late in June（6月下旬に）
　　　　　in late March of 2007（2007年の3月下旬に）
　　　　　in late December 2000（2000年12月下旬に）

350 ☐ in the second week of December：12月の第2週に

Oil prices slightly increased **in the second week of December**.
（石油価格が、12月の第2週に微増した。）

類似表現：during the second week of December
関連表現：in the first week of October（10月の第1週に）
　　　　　in the third week of September（9月の第3週に）
　　　　　during the fourth week of June（6月の第4週に）
　　　　　from the second week of May（5月の第2週から）
　　　　　in the first and second weeks of April（4月の第1週と第2週に）
　　　　　in the third or fourth week of March（3月の第3週もしくは第4週に）

351 ☐ on April 22nd：4月22日に

This conference was held **on April 22nd**.
（この大会は、4月22日に開催された。）

類似表現：on April 22
関連表現：on December 1st（12月1日に）
　　　　　on January 17th and 22nd（1月17日と1月22日に）
　　　　　on July 6（7月6日に）
　　　　　on May 1 and 2（5月1日と5月2日に）
　　　　　on April 2 and 3（4月の2日と3日に）

352 ☐ on the 15th of September：9月15日に

This workshop was held **on the 15th of September**.
（このワークショップは、9月15日に開かれた。）

類似表現：on the fifteenth of September
関連表現：on the 16th of March（3月16日に）
　　　　　on the 1st of April（4月1日に）
　　　　　on the 3rd of October（10月3日に）

英語論文数字表現 **717**

　　　　　　　on the 22nd of August（8月22日に）
　　　　　　　on the fourth of July（7月4日に）
　　　　　　　on the eighth of February（2月8日に）
　　　　　　　on the fourteenth of June 1881（1881年6月14日に）

353 □ on the morning of September 23：9月23日の午前に

This test was undertaken **on the morning of September 23**.
（この検査は、9月23日の午前に行われた。）

類似表現：on the morning of September 23rd
関連表現：on the evening of March 3（3月3日の夕方に）
　　　　　　　on the afternoon of May 5（5月5日の午後に）
　　　　　　　on the night of October 10（10月10日の夜に）

354 □ on the third Wednesday：第3水曜日に

The recyclable garbage is collected **on the third Wednesday**.
（資源ごみは、第3水曜日に収集される。）

類似表現：on the 3rd Wednesday
関連表現：on the second Monday（第2月曜日に）
　　　　　　　on the fourth Sunday（第4日曜日に）
　　　　　　　on the first Tuesday of November（11月の第1火曜日に）
　　　　　　　on the first and third Fridays（第1金曜日と第3金曜日に）

355 □ on June 6, 2008：2008年6月6日に

This company was established **on June 6, 2008**.
（この会社は、2008年6月6日に設立された。）

メモ　アメリカ英語
関連表現：on April 9, 2003（2003年4月9日に）
　　　　　　　on November 1, 1991（1991年11月1日に）
　　　　　　　on September 28, 1825（1825年9月28日に）
　　　　　　　on August 14, 2013（2013年8月14日に）

356 □ on 28 June 1914：1914年6月28日に

The war began **on 28 June 1914**.
（その戦争は、1914年6月28日に始まった。）

メモ　イギリス英語
関連表現：on 11 September 1978（1978年9月11日に）
　　　　　　　on 31 December 1999（1999年12月31日に）

年月日

on 7 July 2008（2008年7月7日に）
on 2 February 2010（2010年2月2日に）

357 □ on or before March 31, 2010：
2010年3月31日以前に（2010年3月31日またはそれ以前に），2010年3月31日までに

It is one of the reports submitted **on or before March 31, 2010**.
（それは、2010年3月31日以前に提出された報告書の1つである。）

関連表現：on or before October 20（10月20日以前に）
on or before April 10, 2000（2000年4月10日以前に）
must be submitted on or before March 31, 2015
（2015年3月31日までに提出されなければならない）

358 □ on or after September 10, 2013：
2013年9月10日以降に（2013年9月10日またはそれ以降に）

The journal was issued **on or after September 10, 2013**.
（その学術雑誌は、2013年9月10日以降に発行された。）

関連表現：on or after July 10（7月10日以降に）
on or after August 15, 2015（2015年8月15日以降に）

359 □ no later than October 20, 2015：
遅くとも2015年10月20日までに

All manuscripts must be submitted **no later than October 20, 2015**.
（全原稿は、遅くとも2015年10月20日までに提出されなければならない。）

関連表現：no later than May 10（遅くとも5月10日までに）
no later than March（遅くても3月までには）
no later than the end of April（遅くとも4月末までに）
no later than 2050（遅くとも2050年までに）

期間表現

360 □ for about 15 minutes：約15分間

It was stirred **for about 15 minutes**.
（それは約15分間撹拌された。）

類似表現：for about fifteen minutes

英語論文数字表現 717

期間表現

関連表現：for six minutes（6分間）
for about half a minute（約30秒間）
for ten seconds（10秒間）
for half an hour（30分間）
for 2 hours（2時間）
for about an hour（約1時間）
for almost an hour（ほぼ1時間）
for one and a half hours（1時間半の間）
for 14 days（14日間）
for a couple of days（数日間）
for more than 150 days（150日以上の間）
for a week（1週間）
for at least five weeks（少なくとも5週間）
for 30 months（30か月間）
for 6 to 12 months（6-12か月間）
for only five months（5か月間だけ）
for more than a month（1か月以上の間）
for half a year（半年間）
for one year（1年間）
for up to 9 years（最大で9年間）
for seven years between 1945 and 1951（1945年から1951年までの7年間）
for roughly 30 years（ほぼ30年間）
for nearly 50 years（約50年間）
for over 20 years（20年以上の間）
for two decades（20年間）
for one thousand years（1000年の間）
for ten centuries（10世紀の間）

361 □ **for a period of ten days**：10日間（10日の期間）

The growth of cells was monitored **for a period of ten days**.
（細胞の成長が10日間監視された。）

類似表現：for a period of 10 days
関連表現：for a period of 30 seconds（30秒間）
for a period of about 45 minutes（約45分間）
for a period of up to six months（最大で6か月間）
for a period of two years（2年間）

362 □ **for another three days**：さらに3日間，もう3日間

It continued **for another three days**.
（それはさらに3日間続いた。）

類似表現：for another 3 days
関連表現：for another week（さらに1週間）
for another few weeks（さらに数週間）
for another six months（さらに6か月間）
for another two years（さらに2年間）
for one more year（さらに1年間）
another 30 days（さらに30日）
another 20 points（さらに20点）

363 ☐ **for three consecutive days**：3日連続で，3日間連続で

This experiment was performed **for three consecutive days**.
（この実験は、3日連続で行われた。）

発音　consecutive /kənsékjutiv/

類似表現：for 3 consecutive days, for three straight days
関連表現：for 10 consecutive hours（10時間連続で）
for several consecutive months（数か月間連続で）
for five consecutive years（5年連続で）
for three consecutive periods（3期連続で）
three consecutive processes（連続する3つのプロセス）
for 7 straight days（7日間連続で）

364 ☐ **for three months in a row**：3か月連続で

This survey was conducted **for three months in a row**.
（この調査は、3か月連続で行われた。）

発音　row /róu/　succession /səkséʃən/

類似表現：for 3 months in a row, for three months in succession, for 3 months on end
関連表現：for two weeks in a row（2週間連続で）
for seven years in a row（7年連続で）
five times in a row（5回連続で）
for 10 days in succession（10日間連続で）
for five days on end（5日間連続で）
for days on end（何日も続けて）

365 ☐ **for the next 10 years**：その後10年間，今後10年間

It remained unchanged **for the next 10 years**.
(それは、その後10年間、変わらぬままであった。)

類似表現：for the next ten years, during the next 10 years, during the next ten years

関連表現：for the next twenty years（その後20年間）
for the next decade（その後10年間）
for the next 10 months（その後10か月間）
for the next four decades（今後40年間）
during the next 3 years（今後3年間）
for the first 3 months（最初の3か月間で）
during the first 30 days（最初の30日間で）
during the first few weeks（最初の数週間で）
for the last three years（最後の3年間で）

366 □ **in 15 minutes**：15分で

The task was completed **in 15 minutes**.
(そのタスクは、15分で仕上げられた。)

類似表現：in fifteen minutes

関連表現：in five minutes（5分で）
in 20 minutes（20秒で）
in a few minutes（数分で、2-3分で）
in 10-15 minutes（10-15分で）
in 20 to 30 minutes（20分から30分で）
in half an hour（30分で）
in less than five minutes（5分未満で）
in less than 10 seconds（10秒未満で）
in about 5 hours（5時間くらいで）
in two and a half hours（2時間半で）
in a day（1日で）
in just two weeks（ちょうど2週間で）
in a month（1か月で）
in approximately 2 months（約2か月で）
in half a year（半年で）
in three years（3年で）
in the three decades between 1971 and 2000
（1971年から2000年までの30年で）

367 □ **until 1981**：1981年まで

This debate continued **until 1981**.
(この論争は1981年まで続いた。)

関連表現：until 1777 (1777年まで)
　　　　　until around 1500 (1500年頃まで)
　　　　　until about 1990 (1990年頃まで)
　　　　　until the year 1983 (1983年まで)
　　　　　until the 1970s (1970年代まで)
　　　　　until the early 1990s (1990年代初頭まで)
　　　　　until the late 1980s (1980年代後半まで)
　　　　　at least until the 1950s (少なくとも1950年代まで)
　　　　　until the second half of the 1980s (1980年代後半まで)
　　　　　until the end of 1998 (1998年の末まで)
　　　　　until the nineteenth century (19世紀まで)
　　　　　until about October (10月頃まで)
　　　　　until May 2004 (2004年5月まで)
　　　　　until 10 p.m. (午後10時まで)
　　　　　until 12 months (12か月まで)

368 □ **until three years ago**：3年前までは

Until three years ago, little was known about the cell.
(3年前までは、その細胞についてはほとんど何も知られていなかった。)

類似表現：until 3 years ago
関連表現：until 30 years ago (30年前までは)
　　　　　until about 10 years ago (約10年前までは)
　　　　　until two centuries ago (2世紀前までは)
　　　　　until a few centuries ago (数世紀前までは)

369 □ **by the 1970s**：1970年代までに

The scientists recognized the limits of this approach **by the 1970s**.
(その科学者たちは、1970年代までにこのアプローチの限界を認識した。)

関連表現：by the 1950s (1950年代までに)
　　　　　by the early 1990s (1990年代初頭までに)
　　　　　by the mid-1980s (1980年代中頃までに)
　　　　　by the end of the 1950s (1950年代末までに)
　　　　　by 2002 (2002年までに)
　　　　　by 2050 (2050年までに)
　　　　　by A.D. 200 (西暦200年までに)
　　　　　by the fall of 1977 (1977年の秋までに)

by the end of 1963（1963年の末までに）
by the year 2050（2050年までに）
by the year AD 2075（西暦2075年までに）
by October 2005（2005年10月までに）
by the end of July（7月末までに）
by the end of June 2012（2012年の6月末までに）
by September 25（9月25日までに）
by 7:00（7時までに）
by the thirteenth century（13世紀までに）

370 □ **within 30 minutes**：30分以内に

It must be treated **within 30 minutes**.
（それは30分以内に処理されなければならない。）

類似表現：within thirty minutes
関連表現：within 24 hours（24時間以内に）
　　　　　　within one-half hour（30分以内に）
　　　　　　within 20 seconds（20秒以内に）
　　　　　　within several days（数日以内に，2-3日以内に）
　　　　　　within 8 days（8日以内に）
　　　　　　within 3 or 4 days（3日か4日以内に）
　　　　　　within a week（1週間以内に）
　　　　　　within three months（3か月以内に）
　　　　　　within a year（1年以内に）
　　　　　　within 30 years（30年以内に）

371 □ **within the next 30 years**：今後30年以内に

It could occur **within the next 30 years**.
（それは今後30年以内に起こりうるであろう。）

類似表現：within the next thirty years
関連表現：within the next 20 years（今後20年以内に）
　　　　　　within the next 2 weeks（今後2週間以内に）
　　　　　　within the next 15 months（これから15か月の内に）
　　　　　　within the first 3 months（最初の3か月の内に）

372 □ **before 1970**：1970年以前には，1970年以前に

Before 1970, research on ABC and XYZ was seldom conducted.
（1970年以前には、ABCとXYZに関する研究はほとんど行われなかった。）
関連表現：before 1800（1800年以前には，1800年以前に）

before 1977（1977年以前には，1977年以前に）
before about 1970（1970年頃以前には）
even before 1970（1970年以前でさえも）
the database before 1998（1998年以前のデータベース）
before October 10（10月10日より前に，10月10日までに）

373 ☐ after 2003：2003年以降

After 2003, the percentage dropped to 5%.
（2003年以降、その割合は5％に落ちた。）

関連表現：after 1930（1930年以降）
after the 20th century（20世紀以降）
after the crisis of the 1970s（1970年代の危機以降）
the world after 1990（1990年以降の世界）
be born after 1990（1990年以降に生まれる）
in and after 2000（2000年以降に）

374 ☐ in the past 50 years：過去50年の間に，ここ50年間で

More than half of the events occurred **in the past 50 years**.
（その出来事の半分以上が、過去50年の間に起こった。）

類似表現：in the last 50 years, in the past fifty years, in the last fifty years
関連表現：in the past 20 years（過去20年の間に）
in the last 500 years（過去500年の間に）
in the past three months（ここ3か月で）
in the past decade（過去10年間で）
in the last decade（過去10年間に）
in the last few years（ここ数年間で）
in the last few centuries（過去数世紀の間に）

375 ☐ during the past 30 years：過去30年間で，ここ30年間で

Water quality has changed drastically **during the past 30 years**.
（水質は、過去30年間で劇的に変化した。）

類似表現：during the past thirty years, during the last 30 years, during the last thirty years
関連表現：during the past year（過去1年間で）
during the last few years（過去数年間で）
during the past few decades（過去数十年間で）
during the past month（ここ1か月で）
during the last 3 weeks（ここ3週間で）

期間表現

during the past millennium（過去1000年の間に）
the past 300 years（過去300年間）
the last 20 days（ここ20日間）

376 □ over two days：2日間にわたって

They were also observed **over two days**.
（それらも2日間にわたって観察された。）

類似表現：over 2 days
関連表現：over 14 days（14日間にわたって）
over 5 weeks（5週間にわたって）
over 10 months（10か月にわたって）
over three years（3年間にわたって）
over about 7 months（約7か月間にわたって）
over decades of years（何十年にもわたって）
over the years（長年にわたって）

377 □ over a period of 300 days：300日の期間にわたって

This survey continued **over a period of 300 days**.
（この調査は300日の期間にわたって続いた。）

類似表現：over a period of three hundred days
関連表現：over a period of 10 years（10年の期間にわたって）
over a period of about three months（約3か月の期間にわたって）
over a period of 1 week（1週間にわたって）
over a period of 24 hours（24時間にわたって）
over a three-year period（3年の期間にわたって）

378 □ over the last 90 years：過去90年にわたって

This work describes the history of psychology **over the last 90 years**.
（本研究は、過去90年にわたる心理学の歴史を記述している。）

類似表現：over the last ninety years, over the past 90 years, over the past ninety years
関連表現：over the past 30 years（過去30年にわたって）
over the past few years（過去数年間にわたって）
over the last several years（ここ数年にわたって）
over the last few centuries（過去数世紀にわたって）
over the last decade（過去10年間にわたって）
over the past half-century（過去50年にわたって）

379 □ **over the next 2 months**：次の2か月間にわたって，
                                                    これから2か月間にわたって

Over the next 2 months, a dose of 5 mg/m^2 was given.
（次の2か月間にわたっては、1回分の量として5 mg/m^{2}が投与された。）

類似表現：over the next two months
関連表現：over the next two decades
          （次の20年間にわたって，これから20年間にわたって）
          over the next two or three years（次の2年または3年にわたって）
          over the next few years（これから数年間にわたって）
          over the first 5 weeks（最初の5週間にわたって）
          over the ensuing three to five years（その後の3-5年間にわたって）

380 □ **from 2009**：2009年から

This project was started **from 2009**.
（このプロジェクトは、2009年から開始された。）

関連表現：from April 1998（1998年4月から）
          from mid-April（4月半ばから）
          from around 1992（1992年頃から）
          from the 1920s（1920年代から）
          from the 18th century（18世紀から）
          from the end of the 19th century（19世紀末から）
          from about the end of the 15th century（15世紀末頃から）

381 □ **from 1990 to 1995**：1990年から1995年まで

This work was carried out **from 1990 to 1995**.
（本研究は、1990年から1995年まで行われた。）

関連表現：from 1940 to 1960（1940年から1960年まで）
          from around 1992 to 1995（1992年頃から1995年まで）
          from the 1970s to the 1980s（1970年代から1980年代まで）
          from the 1960s to the late 1990s（1960年代から1990年代後半まで）
          from the mid-40s to mid-50s（40年代半ばから50年代半ばまで）
          from September 2003 to August 2005（2003年9月から2005年8月まで）
          from mid-June to mid-July（6月半ばから7月半ばまで）
          from January 1 to 7（1月1日から1月7日まで）
          from the 16th to 18th centuries（16世紀から18世紀まで）
          from the 19th century to the present（19世紀から現在まで）
          the 20 years from 1980 to 1999（1980年から1999年までの20年）

期間表現

from 1971 until 1975（1971 年から 1975 年まで）
from 2000 until 2005（2000 年から 2005 年まで）
from 1 to 10（1 から 10 まで）

382 □ from 2005 through 2008：2005年から2008年にかけて

These cases were reported **from 2005 through 2008**.
（これらのケースは、2005 年から 2008 年にかけて報告された。）

関連表現：from 1992 through 2002（1992 年から 2002 年にかけて）
from the 1980s through the 1990s（1980 年代から 1990 年代にかけて）
from September 1979 through June 1980
　（1979 年 9 月から 1980 年 6 月にかけて）
from January through September（1 月から 9 月にかけて）
from mid-March through May（3 月中旬から 5 月にかけて）

383 □ from a week ago：1週間前から

Rice prices showed no change **from a week ago**.
（米価は、1 週間前から何の変化も示さなかった。）

類似表現：from one week ago
関連表現：from about 10 years ago（約 10 年前から）
from nearly 50 years ago（約 50 年前から）
from 10 days ago（10 日前から）
from three months ago（3 か月前から）
from 5 centuries ago（5 世紀前から，500 年前から）
from two to three centuries ago（2-3 世紀前から）

384 □ from the late 1970s onwards：1970年代後半以降

Productivity increased rapidly **from the late 1970s onwards**.
（1970 年代後半以降、生産性は急速に高まった。）

発音 onwards /ɔ́nwərdz/

関連表現：from the 1960s onwards（1960 年代以降）
from the mid-1980s onwards（1980 年代半ば以降）
from 1670 onwards（1670 年以降）
from 2002 onwards（2002 年以降）
from March 1920 onwards（1920 年 3 月以降）
from the 16th century onwards（16 世紀以降）
from about the 17th century onwards（17 世紀ごろ以降）

385 □ between 1980 and 1990：1980年から1990年の間に

The population doubled **between 1980 and 1990**.
(その人口は、1980 年から 1990 年の間に 2 倍となった。)

関連表現：between the years 1930 and 1945（1930 年から 1945 年の間に）
between A.D. 200 and 400（西暦 200-400 年の間に）
between September 1987 and March 1989
　（1987 年 9 月から 1989 年 3 月までの間に）
between mid-August and early September
　（8 月中旬から 9 月初旬までの間に）
somewhere between 1980 and 1983（1980 年から 1983 年のどこかで）
for seven years between 1945 and 1952
　（1945 年から 1952 年までの 7 年間）
increase between 1992 and 1994（1992 年から 1994 年の間に増加する）

386 □ in the period from 1950 to 1970：1950年から1970年の期間に

The economy grew rapidly **in the period from 1950 to 1970**.
(その経済は、1950 年から 1970 年の期間に急成長した。)

関連表現：in the period from 2010 to 2013（2010 年から 2013 年の期間に）
during the period from 1995 to 1998（1995 年から 1998 年の時期に）
in the period between 1930 and 1945（1930 年から 1945 年の期間に）
in the period 1990-1995（1990-1995 年の時期に）
in the period July 2001-February 2002
　（2001 年 7 月から 2002 年 2 月の期間に）
in the period after 1870（1870 年以降の時期に）

387 □ in the first half of 2005：2005年の上半期に

This change occurred **in the first half of 2005**.
(この変化は、2005 年の上半期に生じた。)

類似表現：during the first half of 2005
関連表現：in the first half of 1982（1982 年の上半期に）
during the first half of 2000（2000 年の上半期に）
from the first half of 1998（1998 年の上半期から）
the first half of 2013（2013 年の上半期）

388 □ in the second half of 1999：1999年の下半期に

The financial crisis began **in the second half of 1999**.
(その金融危機は、1999 年の下半期に始まった。)

類似表現：during the second half of 1999
関連表現：in the second half of 2009 (2009 年の下半期に)
　　　　　during the second half of 2012 (2012 年の下半期に)
　　　　　since the second half of 1995 (1995 年の下半期以来)
　　　　　the second half of 1980 (1980 年の下半期)
　　　　　during the second half of the 5th year (5 年目の下半期に)

389 □ in the third quarter of 2011：2011年の第3四半期に

It expanded **in the third quarter of 2011**.
(それは 2011 年の第 3 四半期に拡大した。)

発音　quarter /kwɔ́:rtər/
関連表現：in the first quarter (第1四半期には)
　　　　　during the second quarter of 1995 (1995 年の第2四半期に)
　　　　　during the third quarter (第3四半期に)
　　　　　the last quarter (第4四半期)

390 □ 60 years ago：60年前に

The association was founded **60 years ago**.
(その学会は、60 年前に設立された。)

類似表現：sixty years ago
関連表現：20 minutes ago (20 分前に)
　　　　　about ten days ago (約 10 日前に)
　　　　　two weeks ago (2 週間前に)
　　　　　a week ago (1 週間前に)
　　　　　a year ago (1 年前に)
　　　　　three decades ago (30 年前に)
　　　　　a few months ago (数か月前に)
　　　　　a hundred years ago (100 年前に)
　　　　　four or five years ago (4 年前か 5 年前に)
　　　　　some 10 years ago (約 10 年前に)
　　　　　about 200 years ago (約 200 年前に)
　　　　　just 10 years ago (ちょうど 10 年前に)
　　　　　over five years ago (5 年以上前に)
　　　　　even 3 years ago (3 年前でさえ)
　　　　　hundreds of years ago (何百年も前に，数百年前に)
　　　　　a few thousand years ago (数千年前に)
　　　　　approximately 5 to 6 million years ago (約 500-600 万年前に)
　　　　　tens of millions of years ago (何千万年も前に，数千万年前に)

391 ☐ as recently as five years ago：ほんの5年前まで（は）

It was extremely rare **as recently as five years ago**.
（それは、ほんの5年前まではかなり稀であった。）

類似表現：as recently as 5 years ago
関連表現：as recently as 20 years ago（ほんの20年前まで）
as recently as 2-3 months ago（ほんの2-3か月前まで）
as recently as four or five years ago（ほんの4-5年前までは）
as recently as five days ago（ほんの5日前に）
as recently as 15 minutes ago（ほんの15分前に）

392 ☐ after 3 weeks：3週間後に

After 3 weeks, the crop was harvested.
（3週間後に、その作物は収穫された。）

類似表現：after three weeks
関連表現：after 140 days（140日後に）
after about 10 days（約10日後に）
after 24-26 months（24-26か月後に）
after 20 years（20年後に）
after 10 hours（10時間後に）
after 15 seconds（15秒後に）
after about 50 years（約50年後に）
after 1 week of culture（1週間にわたる培養の後に）
after 20 minutes of incubation（20分にわたる培養の後に）
after 500 years of conflict（500年にわたる対立の後に）

393 ☐ two weeks before the general election：総選挙の2週間前に

The poll was conducted **two weeks before the general election**.
（その世論調査は、総選挙の2週間前に行われた。）

類似表現：2 weeks before the general election
関連表現：50 years before the case（その事件の50年前に）
3 to 4 months before the accident（その事故の3-4か月前に）
just three weeks before the fire（その火事のちょうど3週間前に）
about ten days before the war began（戦争が始まる約10日前に）
at least 30 minutes before cooking（少なくとも調理の30分前に）

394 ☐ three months after the end of the war：終戦から3か月後に

The leader died **three months after the end of the war**.

（終戦から3か月後に、その指導者は亡くなった。）

類似表現：3 months after the end of the war
関連表現：some five days after the accident（その事故から約5日後に）
　　　　　　about two weeks after the earthquake（その地震から約2週間後に）
　　　　　　10 days after the vessel overturned（船が転覆してから10日後に）
　　　　　　five years after the war ended（戦争が終わってから5年後に）
　　　　　　three minutes after landing（着陸の3分後に）

395 □ **ten years earlier**：10年前に

It had been abolished **ten years earlier**.
（それは10年前に廃止されていた。）

類似表現：10 years earlier
関連表現：200 years earlier（200年前に）
　　　　　　a few years earlier（数年前に）
　　　　　　five months earlier（5か月前に）
　　　　　　some 15 years earlier（約15年前に）
　　　　　　over twenty years earlier（20年以上前に）
　　　　　　over 500 years earlier（500年以上前に）

396 □ **ten years later**：10年後

Ten years later, the figure came to 208.
（10年後、その数値は208となった。）

類似表現：10 years later
関連表現：30 years later（30年後）
　　　　　　some 200 years later（約200年後）
　　　　　　two thousand years later（2000年後）
　　　　　　a few weeks later（数週間後）
　　　　　　a few months later（数か月後）
　　　　　　5 days later（5日後）
　　　　　　half an hour later（30分後）
　　　　　　five minutes later（5分後）

年齢表現

397 □ **at age 27**：27歳の時に，27歳で

At age 27, he obtained a Ph.D. in biology.

(27歳の時に、彼は生物学の博士号を取得した。)
関連表現：at age 65（65歳で，65歳の時に）
　　　　　at ages 6-10（6-10歳の時に）
　　　　　at ages 12-15（12-15歳で）
　　　　　at ages 20 to 25（20歳から25歳で）
　　　　　at age 30 or above（30歳以上で）
　　　　　between ages 10 and 15（10歳から15歳の間に）
　　　　　from ages 18 to 20（18歳から20歳まで）
　　　　　reach age 88（88歳に到達する）

398 □ at the age of 19 : 19歳で，19歳の時に

This masterpiece was painted **at the age of 19**.
（この傑作は、19歳の時に描かれた。）
類似表現：at the age of nineteen, at 19, at nineteen
関連表現：at the age of three（3歳で）
　　　　　at the age of 15（15歳の時に）
　　　　　at the age of just 50（ちょうど50歳の時に）
　　　　　at the age of about twelve（約12歳で）
　　　　　at the age of 65 or older（65歳以上で）
　　　　　around the age of 7（7歳頃に）
　　　　　by the age of 25（25歳までに）
　　　　　by the age of five（5歳までに）
　　　　　until the age of 20（20歳まで）
　　　　　until the age of five（5歳まで）

399 □ children under age ten : 10歳未満の子供

It is for this reason that the number of **children under age ten** has increased.
（10歳未満の子供の数が増えたのは、このためである。）
類似表現：children under age 10, children under 10, children under the age of 10, children under 10 years old
関連表現：children under age 18（18歳未満の子供）
　　　　　children under 15（15歳未満の子供）
　　　　　students under the age of 20（20歳未満の学生）
　　　　　people under the age of 18（18歳未満の人）
　　　　　men under 18 years old（18歳未満の男性）
　　　　　one hundred children under twelve（12歳未満の100人の子供）
　　　　　children younger than three（3歳未満の子供）

英語論文数字表現 717

people younger than 10 (10 歳未満の人)
people over age 70 (70 歳を超えた人)
men over age 65 (65 歳を超えた男性)
women over the age of 30 (30 歳以上の女性)
only adults over the age of 20 (20 歳以上の大人のみ)
readers over the age of 50 (50 歳以上の読者)
children older than five (5 歳以上の子供)
students between 18 and 21 years old (18 歳から21 歳までの学生)
young people between 18 and 20 (18 歳から20 歳までの若者)
children from 5 to 7 years old (5 歳から7 歳までの子供)
people aged 19 or under (19 歳以下の人)
people aged 40 or over (40 歳以上の人)
children aged 1-3 years (1-3 歳の子供)
an age range of 51-60 years (51 歳から60 歳までの年齢幅)

400 ☐ be 100 years old：100歳である，樹齢100年である

The patient **is 100 years old**. ／ This tree **is 100 years old**.
(その患者は100歳である。／この木は樹齢100年である。)

類似表現：be one hundred years old
関連表現：be seven years old (7歳である)
　　　　　be 17-19 years old (17-19歳である)
　　　　　be three to four years old (3-4歳である)
　　　　　be about 8 years old (約8歳である)
　　　　　be around 4-5 years old (約4-5歳である)
　　　　　be already thirty years old (既に30歳である)
　　　　　be ten years and five months old (10歳5か月である)
　　　　　be between 60 and 80 years old (60歳から80歳の間である)
　　　　　be 40 to 75 years of age (40-75歳である)

401 ☐ be over the age of 20：20歳を超えている

Research participants must **be over the age of 20**.
(研究協力者は、20歳を超えていなければならない。)

類似表現：be over the age of twenty, be over age 20, be over 20 years old, be over 20, be older than 20
関連表現：be over the age of 90 (90歳を超えている)
　　　　　be over age 65 (65歳を超えている)
　　　　　be over 35 years old (35歳を超えている)
　　　　　be over 25 (25歳を超えている)

be older than 25（25 歳を超えている）
be under the age of 15（15 歳未満である）
be under age 18（18 歳未満である）
be under 10 years old（10 歳未満である）
be under 18（18 歳未満である）
be younger than 15（15 歳未満である）
be less than 10 years old（10 歳未満である）
be 60 or older（60 歳以上である）
be 20 years of age or older（20 歳以上である）
be 20 or younger（20 歳以下である）

402 ☐ be 9 months old：生後9か月である

The bird **is** about **9 months old**.
（その鳥は生後約9か月である。）

類似表現：be nine months old
関連表現：be 3.5 months old（生後3.5か月である）
be 5-6 months old（生後5-6か月である）
be approximately 10 months old（生後約10か月である）
be five years and three months old（5歳3か月である）
be 9 months of age（9か月齢である）
at three months（生後3か月で）

403 ☐ be in their thirties：30代である

Most subjects **were in their thirties**.
（ほとんどの被験者が30代であった。）

類似表現：be in their 30s
関連表現：be in his twenties（20代である）
be in her early forties（40代前半である）
be in her mid-sixties（60代半ばである）
be in his late fifties（50代後半である）
be in their late twenties to mid-thirties（20代後半から30代半ばである）
a women in her seventies（70代の女性）
men in their 80s（80代の男性）
in his early 20s（20代前半で）
in their mid-twenties（20代半ばで）
in her late sixties（60代後半に）

404 ☐ 17-year-old high school students：17歳の高校生

The subjects were **17-year-old high school students**.
(その被験者は 17 歳の高校生であった。)

類似表現：seventeen-year-old high school students
関連表現：a 72-year-old philosopher（72 歳の哲学者）
　　　　　a 19-year-old university student（19 歳の大学生）
　　　　　three-and-a-half-year-olds（3 歳半の子供）
　　　　　two-to-six-year-old children（2-6 歳児）
　　　　　a 4-year-old（4 歳児）
　　　　　15-year-olds（15 歳児）
　　　　　a 200-year-old problem（200 年にわたる問題）
　　　　　three-year-old seedlings（3 年物の苗木，3 年苗木）

405 □ a 3-month-old horse：月齢 3 か月のウマ

The weight of **a 3-month-old horse** was 166 kg.
(月齢 3 か月のウマの体重は、166 キロであった。)

類似表現：a three-month-old horse
関連表現：a five-month-old mouse（月齢 5 か月のマウス）
　　　　　a 5-month-old baby（生後 5 か月の赤ちゃん）
　　　　　18-month-old horses（月齢 18 か月のウマ）
　　　　　4- to 6-month-old mice（月齢 4-6 か月のマウス）
　　　　　three 4-month-old calves（月齢 4 か月の 3 匹の子牛）
　　　　　a 2-week-old animal（2 週齢の動物）

割合表現

406 □ almost half of the subjects：その被験者のほぼ半数，その被験者のほぼ 1 ／ 2

Almost half of the subjects took part in this study.
(その被験者のほぼ半数が、本研究に参画した。)

類似表現：nearly half of the subjects, roughly half of the subjects
関連表現：half of one fourth（1 ／ 4 の 1 ／ 2）
　　　　　about half of the total costs（総費用の約半分）
　　　　　about half of the country（その国の約 1 ／ 2）
　　　　　approximately half of the subjects（その被験者の約半分）
　　　　　more than half of the events（その出来事の半分以上）
　　　　　fewer than half of all patients（全患者の 1 ／ 2 未満）

more than one-half of the genes（その遺伝子の1/2以上）
approximately a half of the volume（その体積の約1/2）

407 □ a third of the total population：全人口の3分の1

A third of the total population was lost.
（全人口の3分の1が失われた。）

類似表現：one third of the total population
関連表現：more than a third of participants（研究協力者の3分の1以上）
nearly a third of adults（大人のほぼ3分の1）
only one third of the respondents（その回答者のわずか3分の1）
approximately one third of students（学生の約3分の1）
three-fourths of the length（その長さの3/4）
more than one-fifth of consumers（消費者の5分の1以上）
more than two-thirds of 5-year-olds（5歳児の2/3以上）
up to two-thirds of them（最大でそれらの2/3）
only 1/5 of the total length（全長のわずか1/5）
about five-eighths of the country（その国の約8分の5）

408 □ a quarter of the subjects：その被験者の4分の1

A quarter of the subjects chose the former.
（その被験者の4分の1が前者を選んだ。）

発音 quarter /kwɔ́ːrtər/
類似表現：one quarter of the subjects
関連表現：a quarter of the world's population（世界人口の4分の1）
a quarter of an hour（15分（1時間の4分の1））
one quarter of its concentration（その濃度の1/4）
one-quarter of its length（その長さの1/4）
three quarters of carnivores（肉食動物の3/4）
approximately one quarter of them（それらの約4分の1）

409 □ one tenth of 100：100の1/10

One tenth of 100 is 10.
（100の1/10は10である。）

発音 tenth /ténθ/
類似表現：a tenth of 100
関連表現：one tenth of an inch（1インチの1/10）
one-tenth of an hour（1時間の1/10）

割合表現

英語論文数字表現 **717**

a tenth of a second（1秒の1/10）
about one tenth of the energy（そのエネルギーの約1/10）
three tenths of the volume（その体積の3/10）
1/10th of a decibel（1デシベルの1/10）
9/10ths of the volume（その体積の9/10）
at one tenth of its value（その価値の1/10で）
about one twentieth（約1/20）
a thirtieth of a second（1秒の1/30）
one fiftieth of a second（1秒の1/50）
seven sixtieths of one degree（1度の7/60）
one thirty-fifth of the length（その長さの1/35）
five twenty-sixths of a day（1日の5/26）

410 ☐ one hundredth of a meter：1 mの1/100

A centimeter is defined as **one hundredth of a meter**.
（1センチは、1mの1/100として定義される。）

発音 hundredth /hʌ́ndrədθ/

類似表現：a hundredth of a meter
関連表現：a hundredth of a second（1秒の1/100）
　　　　　　one hundredth of a liter（1リットルの1/100）
　　　　　　one hundredth of the area（その面積の1/100）
　　　　　　at a hundredth of a second（1/100秒で）
　　　　　　twenty-seven hundredths（27/100）
　　　　　　one three-hundredth of one percent（1％の1/300）

411 ☐ one thousandth of a meter：1 mの1/1000

A millimeter is **one thousandth of a meter**.
（1ミリは、1mの1/1000である。）

発音 thousandth /θáuzəndθ/

類似表現：a thousandth of a meter
関連表現：a thousandth of a millimeter（1ミリの1/1000）
　　　　　　one thousandth of a kilogram（1キロの1/1000）
　　　　　　one thousandth of the energy（そのエネルギーの1/1000）
　　　　　　approximately 1/1000th of the amount（その量の約1/1000）
　　　　　　three thousandths（3/1000）
　　　　　　thirty-seven thousandths（37/1000）
　　　　　　one ten-thousandth of them（それらの1万分の1）
　　　　　　one hundred-thousandth（10万分の1）

one eight-thousandth of the diameter（その直径の1/8000）

412 ☐ one millionth of a meter：1ｍの100万分の1

A micrometer is equal to **one millionth of a meter**.
（1マイクロメートルは、1ｍの100万分の1に等しい。）

発音 millionth /míljənθ/
類似表現：a millionth of a meter
関連表現：a millionth of a second（1秒の100万分の1）
　　　　　　one millionth of an inch（1インチの100万分の1）
　　　　　　one millionth of the energy（そのエネルギーの100万分の1）
　　　　　　nine hundred nine millionths（100万分の909）
　　　　　　one ten-millionth of the length（その長さの1000万分の1）
　　　　　　one hundred-millionth（1億分の1）
　　　　　　one three-millionth of the length（その長さの300万分の1）
　　　　　　one thirty-millionth of a gram（1グラムの3000万分の1）
　　　　　　one three-hundred-millionth of a second（1秒の3億分の1）

413 ☐ one billionth of a meter：1ｍの10億分の1

A nanometer equals **one billionth of a meter**.
（1ナノメートルは、1ｍの10億分の1に等しい。）

発音 billionth /bíljənθ/
類似表現：a billionth of a meter
関連表現：one billionth of a second（1秒の10億分の1）
　　　　　　a billionth of a percent（1％の10億分の1）
　　　　　　one billionth of the diameter（その直径の10億分の1）
　　　　　　seven hundred billionths（10億分の700）
　　　　　　one ten-billionth of a meter（1メートルの100億分の1）
　　　　　　one hundred-billionth（1000億分の1）
　　　　　　one five-billionth of its size（その大きさの50億分の1）
　　　　　　about one fifty-billionth（約500億分の1）
　　　　　　one five-hundred-billionth（5000億分の1）

414 ☐ one trillionth of a liter：1リットルの1兆分の1

This is equal to **one trillionth of a liter**.
（これは、1リットルの1兆分の1に等しい。）

発音 trillionth /tríljənθ/
類似表現：a trillionth of a liter

関連表現：one trillionth of a second（1秒の1兆分の1）
　　　　　　 a trillionth of a gram（1グラムの1兆分の1）
　　　　　　 one trillionth of the energy（そのエネルギーの1兆分の1）
　　　　　　 seven trillionths（1兆分の7）
　　　　　　 one ten-trillionth of a second（1秒の10兆分の1）
　　　　　　 one hundred-trillionth（100兆分の1）
　　　　　　 one three-trillionth of an ounce（1オンスの3兆分の1）
　　　　　　 one forty-trillionth（40兆分の1）
　　　　　　 about one five-hundred-trillionth（約500兆分の1）

415 ☐ **46 percent**：46パーセント（46%）【百分率】

The likelihood of reelection is **46 percent**.
（再選の見込みは、46パーセントである。）

発音 percent /pərsént/

類似表現：46%
関連表現：23.5 percent（23.5%）
　　　　　　 about 90 percent（約90%）
　　　　　　 approximately 52 percent（約52%）
　　　　　　 only 2 percent（たったの2%）
　　　　　　 from 32 percent to 55 percent（32%から55%に）
　　　　　　 a 2% difference（2%の差）
　　　　　　 a 2.6 percent interest（2.6%の利子）
　　　　　　 less than 5% overlap（5%未満の重複）
　　　　　　 1 percent of the total（全体の1%）
　　　　　　 indicate 100 percent（100%を示す）
　　　　　　 include a tax of 5%（5%の税を含む）
　　　　　　 lower the price by 10%（その値段を10%下げる）
　　　　　　 raise the price by 5%（その値段を5%上げる）

416 ☐ **8‰**：8パーミル【千分率】

The value was set to **8‰**.
（その値は、8パーミルに設定された。）

発音 per mill /pə̀ːr míl/

類似表現：8 per mill
関連表現：2-4‰（2-4パーミル）
　　　　　　 approximately 4‰（約4パーミル）
　　　　　　 -8.62‰（-8.62パーミル）
　　　　　　 ±2‰（±2パーミル）

417 □ **2.38 ppm** : 2.38 ppm【百万分率】

The ammonia concentration was **2.38 ppm**.
(そのアンモニア濃度は、2.38 ppm であった。)

発音 parts per million /páːrts pər míljən/

類似表現 : 2.38 parts per million
関連表現 : 1.14 ppm (1.14 ppm)
about 300 ppm (約 300 ppm)
a concentration of 500 ppm (500 ppm の濃度)
at 0.63 ppm (0.63 ppm で)
exceed 350 ppm (350 ppm を超える)
reach 400 ppm (400 ppm に達する)
increase from 30 ppm to 80 ppm (30 ppm から 80 ppm に増加する)
have an oxygen concentration of 100 ppm (酸素濃度が 100 ppm である)

418 □ **138 ppb** : 138 ppb【十億分率】

The maximum concentration was **138 ppb**.
(その最大濃度は、138 ppb であった。)

発音 parts per billion /páːrts pər bíljən/

類似表現 : 138 parts per billion
関連表現 : one part per billion (1 ppb)
30-40 ppb (30-40 ppb)
about 150 ppb (約 150 ppb)
at 0.77 ppb (0.77 ppb で)
exceed 10 ppb (10 ppb を超える)
range from 10 to 30 ppb (10 ppb から 30 ppb に及ぶ)
have an ozone concentration of 25 ppb (オゾン濃度が 25 ppb である)
have a maximum concentration of 50 ppb (最大濃度が 50 ppb である)

419 □ **25 ppt** : 25 ppt【一兆分率】

Dioxin levels are above **25 ppt**.
(ダイオキシン濃度は、25 ppt を超えている。)

発音 parts per trillion /páːrts pər tríljən/

類似表現 : 25 parts per trillion
関連表現 : one ppt (1 ppt)
50 parts per trillion (50 ppt)
approximately 200 ppt (約 200 ppt)
4 ppt or less (4 ppt 以下)

英語論文数字表現 **717**

30 ppt of dioxin（30 ppt のダイオキシン）
at about 50 ppt（約 50 ppt で）
be less than 10 ppt（10 ppt 未満である）
be between 10 ppt and 30 ppt（10-30 ppt の間である）
exceed 400 ppt（400 ppt を超える）

420 □ about 20 percent of consumers：消費者の約20％

About 20 percent of consumers disagree with the proposal.
（消費者の約 20％ が、その提案に異議を唱えている。）

類似表現：about 20% of consumers
関連表現：one percent of the area（その面積の1％）
1 percent of the total（全体の1％）
82% of the group（そのグループの82％）
5% of the total population（全人口の5％）
10% of Africa（アフリカの10％）
50% of the subjects（その被験者の50％）
only 30 percent of investors（投資家のわずか30％）
over 66 percent of all respondents（全回答者の66％超）
over 90% of consumers（消費者の90％以上）
almost 20% of the data（そのデータのほぼ20％）
at least 15% of GDP（GDP の少なくとも15％）
the remaining 10 percent（残りの10％）

421 □ about one in three：約1/3（約3分の1）

This shows that **about one in three** occurred in restaurants.
（この点は、約1/3がレストランで発生したことを示している。）

関連表現：one in five（1/5）
one in three hundred（1/300）
one in 10 patients（患者の10人に1人）
about one in three subjects（被験者の約1/3）
approximately one in ten schools（約1/10の学校）
only one in two thousand students（1/2000の学生のみ）
with an eight-in-ten chance（8割の確率で）

422 □ a 6% increase：6％の増加

This figure represents **a 6% increase**.
（この数値は、6％の増加を示している。）

類似表現：a 6% rise, a 6% gain

割合表現

関連表現：a 5-8% increase（5-8％の増加）
　　　　　　a maximum of 40% increase（最大で40％の増加）
　　　　　　a 20% rise（20％の上昇，20％の増加）
　　　　　　a 3% rise in prices（3％の物価上昇）
　　　　　　a 25% surge（25％の急増，25％の急上昇）
　　　　　　a 3% raise（3％の増額）

423 ☐ a rise of 1.8%：1.8％の上昇，1.8％の増加

Germany registered **a rise of 1.8%**.
（ドイツは、1.8％の上昇を示した。）

類似表現：an increase of 1.8%, a gain of 1.8%
関連表現：a rise of about 7.1%（約7.1％の上昇）
　　　　　　an increase of 25%（25％の増加）
　　　　　　an increase of about 2%（約2％の増加）
　　　　　　a gain of one million yen（100万円の増加）

424 ☐ an 8% reduction：8％の減少

This caused **an 8% reduction**.
（これが、8％の減少を引き起こした。）

類似表現：an 8% decrease, an 8% decline, an 8% fall, an 8% drop
関連表現：a 20-30% reduction（20-30％の減少）
　　　　　　a 3.2% decline（3.2％の下落，3.2％の減少）
　　　　　　a 50% or greater decline（50％以上の低下）
　　　　　　a 3% fall（3％の下落，3％の減少）
　　　　　　a 9% drop（9％の低下）
　　　　　　a 20% loss（20％の損失）
　　　　　　a 5% drop in mortality（5％の死亡率低下）
　　　　　　result in a 22% decrease（22％の減少を引き起こす）

425 ☐ a fall of 3%：3％の減少，3％の下落

This led to **a fall of 3%**.
（このことが、3％の下落につながった。）

類似表現：a drop of 3%, a decline of 3%, a decrease of 3%, a reduction of 3%
関連表現：a fall of around $10（約10ドルの下落）
　　　　　　a drop of 10%（10％の減少，10％の下落）
　　　　　　a decline of 8%（8％の減少，8％の低下）
　　　　　　a decrease of $13（13ドルの減少）

a reduction of more than 5% (5%を超える減少)
show a decrease of 5% (5%の減少を示す)

426 □ the remaining 5%：残りの5%

The remaining 5% were used here.
(残りの5%がここで使用された。)

発音 remaining /riméiniŋ/

類似表現：the remaining 5 percent
関連表現：the remaining 2-3% (残りの2-3%)
　　　　　　the remaining half (残りの半分)
　　　　　　the remaining 3 years (残りの3年間)
　　　　　　the remaining five categories (残りの5つのカテゴリー)
　　　　　　the remaining 10 countries (残りの10か国)

427 □ the remaining three-fourths：残りの3/4

The remaining three-fourths were high-school students.
(残りの3/4は、高校生であった。)

類似表現：the remaining three-quarters
関連表現：the remaining two-thirds (残りの2/3)
　　　　　　the remaining three-eighths (残りの3/8)
　　　　　　the remaining one-third (残りの1/3)
　　　　　　the remaining two-fifths of respondents (残りの2/5の回答者)

428 □ the top 5% of students：上位5%の学生

These data are based on **the top 5% of students**.
(これらのデータは、上位5%の学生に基づくものである。)

類似表現：the top 5 percent of students
関連表現：the top one percent of students (上位1%の学生)
　　　　　　the top 2% (上位2%)
　　　　　　constitute the top 5% (上位5%を占める)
　　　　　　the bottom 5% of students (下位5%の学生)
　　　　　　the bottom 5-10% (下位5-10%)

429 □ the top three-tenths of the group：そのグループの上位3/10

They dominate **the top three-tenths of the group**.
(それらが、そのグループの上位3/10を独占している。)

関連表現：the top one-fifth (上位1/5)

the bottom one-fifth（下位1/5）
the bottom two-fifths of the distribution（その分布の下位2/5）
the top tenth of the group（そのグループの上位1/10）
the bottom fifth of all subjects（全被験者の下位1/5）
among the top three-tenths（上位3/10の中で）

430 ☐ the lower third：下部1/3（下部3分の1）

They occurred in **the lower third**.
（それらは、下部1/3に生じた。）

発音 upper /ʌ́pər/　lower /lóuər/
関連表現：the upper third（上部1/3）
　　　　　in the middle third（中部1/3に）
　　　　　the upper third of the esophagus（食道の上部1/3）
　　　　　the upper two-thirds of the ureter（尿管の上部2/3）
　　　　　in the lower third of the stomach（胃の下部1/3に）
　　　　　be in the middle third of the esophagus（食道の中部1/3にある）

431 ☐ 3% per year：年3%

The average rate of growth is **3% per year**.
（平均成長率は、年3%である。）

類似表現：3 percent per year
関連表現：5.2% per annum（年5.2%）
　　　　　1.5% per month（月1.5%）
　　　　　0.7% per week（週0.7%）
　　　　　almost 8% per year（ほぼ年8%）
　　　　　more than 12% per year（年12%以上）
　　　　　by 8% per year（年率8%で）

432 ☐ a growth rate of 11.8%：11.8%の成長率

In contrast, the food industry showed **a growth rate of 11.8%**.
（対照的に、食品産業は11.8%の成長率を示した。）

発音 rate /réit/
関連表現：a discount rate of 10%（10%の割引率）
　　　　　a response rate of 70.3%（70.3%の回答率）
　　　　　a mortality rate of 28%（28%の死亡率）
　　　　　an annual interest rate of 2.8%（年2.8%の金利）
　　　　　an average growth rate of 1.8% per annum（年1.8%の平均成長率）

英語論文数字表現 717

the average growth rate of 6.8%（6.8%の平均成長率）

433 ☐ have a 30% higher chance of doing：－する可能性が30%高い

The latter group **has a 30% higher chance of** dying of cancer.
（後者のグループは、ガンで死ぬ可能性が30%高い。）

関連表現：have a 20% chance of doing（－する可能性が20%ある）
have about a 30 percent chance of doing（－する可能性が約30%ある）
have a 60% probability of doing（－する可能性が60%ある）
have a zero probability of doing（－する可能性が0である）
have a 12% lower chance of doing（－する可能性が12%低い）
have a 30-40% risk of doing（－する危険性が30-40%ある）
have an 80% higher risk of doing（－する危険性が80%高い）

434 ☐ there is a 10% chance that S+V：－する可能性が10%ある

There is at least **a 10% chance that** stock prices will fall.
（株価が下落する可能性が、少なくとも10%ある。）

類似表現：there is a 10% probability that S+V
関連表現：there is a 25% chance that S+V（－する可能性が25%ある）
there is a 10 to 20% chance that S+V（－する可能性が10-20%ある）
there is a one-in-four chance that S+V（－する可能性が25%ある）
there is only a 7% chance that S+V（－する可能性が7%しかない）
there is a 10% chance of doing（－する可能性が10%ある）
there is a 0% chance of doing（－する可能性が0%である）
there is a 70% probability that S+V（－する可能性が70%ある）
there is a 70% probability of doing（－する可能性が70%ある）

435 ☐ at a rate of 3%：3%の割合で

The population has increased **at a rate of 3%** annually.
（その人口は、年3%の割合で増えてきた。）

類似表現：at a rate of three percent
関連表現：at a rate of 50%（50%の割合で）
at a rate of 7% annually（年7%の割合で）
at a rate of 20 times per minute（1分間に20回の割合で）
at a rate of 5 K per hour（1時間に5ケルビンの割合で）
at a rate of 1 in 100（100人に1人の割合で）

436 ☐ at an annual rate of 3.2%：年率3.2%で、年3.2%の割合で

During the period, Japan's economy grew **at an annual rate of 3.2%**.
(その期間には、日本経済は年率3.2%で成長した。)

発音 annual /ǽnjuəl/
類似表現：at a rate of 3.2% annually
関連表現：at an annual rate of 15%（年15%の割合で）
　　　　　　at an annual rate of about 4%（年率約4%で）
　　　　　　at a rate of 9% per year（年9%の割合で）
　　　　　　at a discount rate of 10%（10%の割引率で）
　　　　　　at an annual interest rate of 2%（年2%の金利で）
　　　　　　at 10% interest（10%の利子で）
　　　　　　at a 30% discount（3割引で）

437 □ in the proportion of three to four：3対4の割合で

The solutions were mixed together **in the proportion of three to four**.
(それらの溶液は、3対4の割合で混ぜられた。)

発音 proportion /prəpɔ́:rʃən/
類似表現：in the proportion of 3 to 4, in the proportion of 3:4
関連表現：in the proportion of 3 to 2（3対2の割合で）
　　　　　　in the proportion of one to five（1対5の割合で）
　　　　　　in the proportion of 1:2（1:2の割合で）

438 □ have a probability of 0.25：25%の確率である

Its realization **has a probability of 0.25**.
(その実現は、25%の確率である。)

発音 probability /prɔ̀bəbíləti/
類似表現：have a probability of 25%, have a probability of 25 percent
関連表現：have a probability of 32%（32%の確率である）
　　　　　　have a probability of about 55%（約55%の確率である）
　　　　　　have a probability of only 0.03（わずか3%の確率である）
　　　　　　have a probability of 1/5（5分の1の確率である）

439 □ with a probability of 25%：25%の確率で

This event must occur **with a probability of 25%**.
(この事象は、25%の確率で生じなければならない。)

類似表現：with a probability of 25 percent
関連表現：with a probability of 92%（92%の確率で）
　　　　　　with a probability of 2/3（3分の2の確率で）

英語論文数字表現 **717**

with a probability of 0.05 to 0.1（5%から10%の確率で）
with zero probability（0%の確率で）
with an eight-in-ten chance（8割の確率で）
with 100% accuracy（100%の精度で）
with 80 percent accuracy（80%の精度で）

440 □ be about 1/2：約2分の1である

The chance **is about 1/2**.
（その確率は、約2分の1である。）

関連表現：be 5/6（6分の5である）
be approximately 9/10（約10分の9である）
be less than 1/10（10分の1未満である）
be more than 1/4（4分の1を超えている）
be near to 1/3（3分の1に近い）

441 □ be about 1 in 500：約500分の1である

The probability **is about 1 in 500**.
（その確率は、約500分の1である。）

関連表現：be about 1 in 10（約10分の1である）
be about 1 in 7,000（約7,000分の1である）
be one in six（6分の1である）
be 1 in 2 million（200万分の1である）
at a rate of 1 in 100（100人に1人の割合で）

442 □ be up 10%：10%増である

Sales **are up 10%**.
（売り上げは、10%増である。）

類似表現：be up 10 percent
関連表現：be up 15.2%（15.2%増である）
be up 3.8 percent（3.8%増である）
be up around 3%（約3%の増である）
be up 2.6% to $470（2.6%増で470ドルになる）
up 8.7%（8.7%増で）

443 □ be down 10%：10%減である

Sales **are down 10%**.
（売り上げは、10%減である。）

割合表現

類似表現：be down 10 percent
関連表現：be down 40% (40%減である)
be down 7.8 percent (7.8%減である)
be down more than 10% (10%以上の減である)
down 5.2 percent (5.2%の減で)

444 □ be in the top 1％：上位１％に入っている

The two companies **are in the top 1%**.
(その２つの企業は、上位１％に入っている。)

関連表現：be in the top 10% (上位10%に入っている)
be in the top 5-10% (上位5-10%に入っている)
be in the top 3% of the nation's universities
　　(その国の大学の上位3%に入っている)
be ranked in the top 10% (上位10%に入っている)
in the top 15 percent (上位15%の中で)
be in the bottom 1% (下位1%に入っている)
be in the bottom 5 percent (下位5%に入っている)

445 □ the ratio of 2 to 1：2:1の比（比率，割合）

The ratio of 8 to 4 is equal to **the ratio of 2 to 1**.
(8:4の比は、2:1の比に等しい。)

発音 ratio /réiʃou/

類似表現：the ratio 2:1
関連表現：the ratio of 3 to 5 (3:5の比)
the ratio of 1 to 3 (1:3の割合)
the ratio of 3 to 8 (3:8の比率)
the ratio 3:2 (3:2の比)
the ratio 1:5 (1:5の割合)
the ratio is 1:5 (その割合は1:5である)
a ratio of one to three (1:3の比率)
represent a ratio of 1:300 (1:300の比率を示す)
exhibit a ratio of 3:1 (3:1の比率を示す)

446 □ in a 2:1 ratio：2:1の割合で，2:1の比率で

They combine **in a 2:1 ratio**.
(それらは、2:1の割合で結合する。)

類似表現：at a 2:1 ratio, in/at a ratio of 2:1
関連表現：in a 3:1 ratio (3:1の割合で)

in a ratio of 2:3（2:3の割合で）
in a ratio of 1:1（1:1の割合で）
in the ratio 1:2:3（1:2:3の割合で）
in the ratio 3:2（3:2の割合で）
in a ratio of two to three（2:3の割合で）
at a 2:3:4 ratio（2:3:4の割合で）
at a ratio of one to three（1:3の割合で）
at a ratio of approximately 2:3（約2:3の割合で）
at a ratio of 2:3:4（2:3:4の割合で）

447 □ be in the ratio 3:4:5：3:4:5の比率（割合）である

The sides of this triangle **are in the ratio 3:4:5**.
（この三角形の辺の比は、3:4:5である。）

類似表現：be in a ratio of 3:4:5
関連表現：be in the ratio 1:2:9（1:2:9の比率である）
　　　　　　be in the ratio 2:3（2:3の割合である）
　　　　　　be in a ratio of 1:2:3（1:2:3の比率である）
　　　　　　be in a ratio of 5 to 4（5:4の割合である）

頻度表現

448 □ be repeated once：1回（1度）繰り返される

This phrase **was repeated** only **once**.
（このフレーズが1回だけ繰り返された。）

関連表現：be used once（1度使用される）
　　　　　　appear once（1回現れる，1回出現する）
　　　　　　occur once（1回生起する，1回生じる）
　　　　　　be repeated once again（もう一度繰り返される）
　　　　　　be accessed only once（1回だけアクセスされる）
　　　　　　be surveyed more than once（たびたび調査される）

449 □ be repeated twice：2回（2度）繰り返される

This interrogative sentence **was repeated twice**.
（この疑問文は、2回繰り返された。）

関連表現：be mentioned twice（2度言及される）
　　　　　　be measured twice（2回測定される，2回計測される）

be presented twice（2回提示される）
be observed twice（2度観察される）
appear twice（2度現れる，2度出現する）
occur twice（2回生じる）

450 ☐ be used three times：3回利用される，3回使われる

In (10), the same principle **is used three times**.
((10)では、同じ原理が3回利用されている。)

発音 thrice /θráis/（3回）

類似表現：be used thrice
関連表現：only three times（3回だけ）
more than four times（5回以上）
no fewer than four times（4回も）
at least five times（少なくとも5回）
several thousand times（数千回）
be repeated 10-20 times（10-20回繰り返される）
be presented three times（3回提示される）
occur three times（3回生起する）
read it three times（それを3回読む）
be repeated thrice（3回繰り返される）
repeat this experiment 30 times（この実験を30回繰り返す）

451 ☐ once a month：月に1回

The data were analyzed **once a month**.
(そのデータは、月に1回分析された。)

類似表現：once per month
関連表現：once a day（日に1回）
once daily（日に1回）
once a week（週に1回）
once a year（年に1回）
once or twice a month（月に1-2回）
once per week（週に1回）
once per year（年に1回）
at least once（少なくとも1回）
once every half hour（30分ごとに1回）
once every 3 days（3日ごとに1回）
once every four weeks（4週ごとに1回）
once every two months（2か月ごとに1回）

英語論文数字表現 **717**

once every decade（10年ごとに1回）
only once（1回だけ）
more than once（たびたび，しばしば）
one day per week（週に1日）

452 ☐ **twice a week**：週に2回

The researchers measured tumor sizes **twice a week**.
（その研究者たちは、週に2回、ガンの大きさを測定した。）

類似表現：twice per week
関連表現：twice a day（日に2回）
　　　　　　twice daily（日に2回）
　　　　　　twice a month（月に2回）
　　　　　　twice a year（年に2回）
　　　　　　once or twice a day（日に1-2回）
　　　　　　only twice a week（週に2回だけ）
　　　　　　more than twice a day（日に3回以上）
　　　　　　twice per day（日に2回）
　　　　　　at least twice（少なくとも2回）
　　　　　　twice each week（毎週2回）
　　　　　　two days a week（週に2日）

453 ☐ **three times a day**：日に3回（1日に3回）

The patient took this medicine **three times a day**.
（その患者は、この薬を1日に3回服用した。）

類似表現：three times per day
関連表現：three times a year（年に3回）
　　　　　　four times a month（月に4回）
　　　　　　five times a week（週に5回）
　　　　　　nine times per year（年に9回）
　　　　　　about 80 times per week（週に約80回）
　　　　　　three or four times a week（週に3回か4回）
　　　　　　a few times a week（週に数回，週に2-3回）
　　　　　　millions of times a second（1秒に数百万回）
　　　　　　four times daily（日に4回）
　　　　　　five times a day on average（平均で1日に5回）
　　　　　　as often as five times a week（週に5回も）
　　　　　　for 2 hours a day（1日に2時間）

頻度表現

452 — 456

454 □ once in four years：4年に1度

The election is held **once in four years**.
（その選挙は、4年に1度行われる。）

類似表現：once in 4 years
関連表現：once in 100 years（100年に1度）
　　　　　twice in one day（1日に2度）
　　　　　four times in sixteen lines（16行につき4回）
　　　　　three times in two pages（2ページにつき3回）

比較表現

455 □ be twice the mass of hydrogen：水素の質量の2倍である

This **is twice the mass of hydrogen**.
（これは、水素の質量の2倍である。）

関連表現：be twice the length of XYZ（XYZの長さの2倍である）
　　　　　be about twice the size of ABC（ABCの大きさの約2倍である）
　　　　　be twice the average（平均値の2倍である）
　　　　　be twice the distance（その距離の2倍である）
　　　　　be 10 times the normal concentration（通常濃度の10倍である）
　　　　　be five times the first number（最初の数の5倍である）
　　　　　be 3 to 5 times the area（その面積の3-5倍である）
　　　　　be 200-300 times the volume（その体積の200-300倍である）
　　　　　at 2.5 times its standard price（その標準価格の2.5倍で）

456 □ be five times that of XYZ：XYZのものの5倍である

The volume of ABC **is** about **five times that of XYZ**.
（ABCの体積は、XYZの体積の約5倍である。）

類似表現：be 5 times that of XYZ
関連表現：be 100 times the weight of XYZ（XYZの重さの100倍である）
　　　　　be 0.66 times the mass of XYZ（XYZの質量の0.66倍である）
　　　　　be about 50 times the volume of water（水の体積の約50倍である）
　　　　　be about 30 times the size of ABC（ABCの大きさの約30倍である）
　　　　　be about 3.2 times the density of water（水の密度の約3.2倍である）
　　　　　be about 12 times its average value（その平均値の約12倍である）
　　　　　be about three times the normal concentration（通常濃度の約3倍である）

457 ☐ be half the total weight：総重量の１／２である

This **is** about **half the total weight**.
（これは、総重量の約１／２である。）

関連表現：be half the default value（デフォルト値の１／２である）
be half the life expectancy of a dog（犬の寿命の１／２である）
be about half the amount of oxygen（酸素の量の約１／２である）

458 ☐ be one-tenth the mass of oxygen：酸素の質量の１／10である

This **is** about **one-tenth the mass of oxygen**.
（これは、酸素の質量の約１／10である。）

関連表現：be one-third the size of XYZ（XYZの大きさの１／３である）
be about one-third the amount of water（水の量の約１／３である）
be one-tenth its size（その大きさの１／10である）
be 1/10th the normal concentration（通常濃度の１／10である）
be approximately one-quarter the volume（その体積の約１／４である）

459 ☐ be 5 times as high as the average value：平均値の５倍高い

This value **is** about **5 times as high as the average value**.
（この値は、平均値の約５倍高い。）

類似表現：be five times as high as the average value
関連表現：be about three times as large as 30 years ago（30年前の約３倍大きい）
be 1.5 times as strong as the former（前者の1.5倍強い）
be about twice as long as the latter（後者の約２倍長い）
be roughly 30 times as soluble as oxygen（酸素の約30倍溶けやすい）

460 ☐ be one-fifth as heavy as the latter：後者の１／５の重さである

The former **is one-fifth as heavy as the latter**.
（前者は、後者の１／５の重さである。）

類似表現：be 1/5 as heavy as the latter
関連表現：be about one-third as wide as XYZ（XYZの約１／３の広さである）
be 1/30 as intense as ABC（ABCの１／30の強さである）
be about one-quarter as sweet as honey（ハチミツの約１／４の甘さである）
be half as long as the former（前者の１／２の長さである）
be only about half as soluble as oxygen（酸素の約１／２しか溶けない）

461 ☐ be 10 times higher：10倍高い

457 – **464**

The concentration **is** about **10 times higher**.
（その濃度は、約 10 倍高い。）

類似表現：be ten times higher
関連表現：be 10 times longer（10 倍長い）
　　　　　be 10 times heavier（10 倍重い）
　　　　　be 50 times larger（50 倍大きい）
　　　　　be 3.2 times smaller（3.2 倍小さい）
　　　　　be one and a half times heavier（1.5 倍重い）
　　　　　be several times higher（数倍高い）
　　　　　be over 7 times larger（7 倍以上大きい）
　　　　　be approximately 30 times higher（約 30 倍高い）
　　　　　be three times greater in magnitude（規模において 3 倍大きい）

462 ☐ be 20 times wider than the latter：後者よりも20倍広い

The former **is** approximately **20 times wider than the latter**.
（前者は、後者よりも約 20 倍広い。）

類似表現：be twenty times wider than the latter
関連表現：be about five times heavier than the latter（後者の約 5 倍重たい）
　　　　　be about 3 times longer than XYZ（XYZ より約 3 倍長い）
　　　　　be about 10 times greater than ABC（ABC より約 10 倍大きい）
　　　　　be about 100 times weaker than the former（前者よりも約 100 倍弱い）
　　　　　be 3 times faster than the latter（後者より 3 倍はやい）
　　　　　be 5 times better than (the) average（平均より 5 倍良い）
　　　　　be 10^5 times greater than the latter（後者の 10^5 倍大きい）

463 ☐ be 2.5 times more expensive than that of rice：
　　　　　　　　　　　　　　　　　　　　　　　　　米のものよりも2.5倍高い

The price of wheat **is 2.5 times more expensive than that of rice**.
（小麦の値段は、米の値段よりも 2.5 倍高い。）

類似表現：be two and a half times more expensive than that of rice
関連表現：be about 1.3 times more difficult than XYZ（XYZ の約 1.3 倍難しい）
　　　　　be almost 8 times more dangerous than ABC
　　　　　　（ABC のほぼ 8 倍危険である）
　　　　　be 2 to 4 times more powerful than the latter（後者の 2-4 倍強力である）

464 ☐ be 2.5-fold higher than that of ABC：
　　　　　　　　　　　　　　　　　　　　　ABCのものよりも2.5倍高い

比較表現

英語論文数字表現 **717**

The value of XYZ **was** about **2.5-fold higher than that of ABC**.
（XYZ の値は、ABC の値よりも約 2.5 倍高かった。）

発音 -fold /fóuld/

関連表現：be approximately 3-fold higher（約 3 倍高い）
　　　　　　be 50-fold faster than the remaining ones（残りのものより 50 倍速い）
　　　　　　be about 3.2-fold lower than Group B（グループ B より約 3.2 倍低い）
　　　　　　a more than 2-fold higher level（2 倍以上高いレベル）

465 □ **be 3 km shorter**：3 キロ短い

This route **is** about **3 km shorter**.
（この経路は、約 3 キロ短い。）

類似表現：be three kilometers shorter

関連表現：be five centimeters shorter（5 センチ短い）
　　　　　　be 5 cm longer（5 センチ長い）
　　　　　　be 5 inches greater（5 インチ大きい）
　　　　　　be $10-20 cheaper（10-20 ドル安い）
　　　　　　be $50 more expensive（50 ドル高い）
　　　　　　be 10 seconds faster than before（これまでよりも 10 秒速い）
　　　　　　be 10 pounds heavier than before（これまでよりも 10 ポンド重たい）
　　　　　　be half a million smaller than the mean（平均よりも 50 万小さい）

466 □ **ten times faster**：10 倍はやく

This gas moves **ten times faster** than other gases.
（この気体は、他の気体よりも 10 倍はやく動く。）

類似表現：10 times faster

関連表現：three times faster（3 倍はやく）
　　　　　　about 7.2 times faster（約 7.2 倍はやく）
　　　　　　move 1000 times faster than light（光より 1000 倍はやく進む）
　　　　　　grow 5 times faster than normal（通常より 5 倍はやく成長する）
　　　　　　taste 2-3 times better than normal（通常より 2-3 倍味が良い）

467 □ **three times more quickly**：3 倍はやく

The former grew **three times more quickly** than the latter.
（前者は、後者よりも 3 倍はやく成長した。）

類似表現：3 times more quickly

関連表現：almost five times more quickly（ほぼ 5 倍はやく）
　　　　　　about 20 times more powerfully（約 20 倍強力に）

two and a half times more strongly（2.5倍強く）

❹❻❽ □ be 10% higher than the latter：後者よりも10%高い

The former **was 10% higher than the latter**.
（前者は、後者よりも10% 高かった。）

類似表現：be 10 percent higher than the latter
関連表現：be 30-50% higher（30-50% 高い）
　　　　　　be over 20% higher（20% 以上高い）
　　　　　　be about 12% lower（約12% 低い）
　　　　　　be approximately 5% lower（約5% 低い）
　　　　　　be about 9% larger（約9% 大きい）
　　　　　　be 10℃ lower than the former（前者より10℃低い）
　　　　　　be 5℃ higher（5℃高い）
　　　　　　be 1-2℃ warmer（1-2℃暖かい）
　　　　　　be 3 degrees higher（3度高い）

❹❻❾ □ be 30% more efficient than the former：
前者よりも30%効率が良い

The latter **is** up to **30% more efficient than the former**.
（後者は、前者よりも最大で30% 効率が良い。）

類似表現：be 30 percent more efficient than the former
関連表現：be approximately 10% less efficient than the former
　　　　　　　（前者より約10% 効率が悪い）
　　　　　　require 10% less energy than the former
　　　　　　　（前者よりエネルギー必要量が10% 低い）
　　　　　　include 25% more words than the latter（後者より25% 多くの語を含む）
　　　　　　use 25% less water than Group A
　　　　　　　（グループAよりも水の使用量が25% 少ない）

❹❼⓪ □ require 1.5 times more energy than the former：
前者の1.5倍のエネルギーを必要とする

The latter **required 1.5 times more energy than the former**.
（後者は、前者の1.5倍のエネルギーを必要とした。）

関連表現：use seven times more energy than Japan
　　　　　　　（日本の7倍のエネルギーを使用する）
　　　　　　have about five times more words than the first edition
　　　　　　　（初版の約5倍の語彙を収録する）

produce about three times more energy（約3倍のエネルギーを生み出す）
require 3.2 times more work to do
（－するのには 3.2 倍の労力を必要とする）

471 □ have twice as many students as XYZ University：
XYZ 大学の２倍の学生がいる

ABC University **has** approximately **twice as many students as XYZ University**.
（ABC 大学には、XYZ 大学の約２倍の学生がいる。）

関連表現：have four to five times as many subjects（4-5倍の被験者がいる）
receive more than 3.5 times as many votes as the ruling party candidate
（与党候補の 3.5 倍以上の票を得る）
there are about half as many men as women
（女性の約１／２の男性がいる）
have about 10 times as much mass as the earth
（地球の約 10 倍の質量がある）
have roughly 5.4 times as much mass（約 5.4 倍の質量がある）
have at least twice as much energy（少なくとも２倍のエネルギーがある）
produce three times as much oxygen（3倍の酸素を産出する）

動詞表現

472 □ reach 40℃：摂氏40度に達する

The temperature **reached 40℃**.
（その温度は摂氏 40 度に達した。）

類似表現：reach 40 degrees Celsius, reach 40 degrees centigrade
関連表現：reach $2 million（200 万ドルに達する）
reach 500 meters（500 メートルに達する）
reach about 72%（約 72％に達する）
reach the age of 25（25 歳に達する）
reach 80 years（80 年に到達する）

473 □ increase by 2℃：摂氏２度上昇する

The average temperature **increased by 2℃**.
（平均気温が摂氏２度上昇した。）

類似表現：increase by 2 degrees Celsius, increase by 2 degrees centigrade

関連表現：increase by $20（20ドル増える）
　　　　　　increase by 5 kg（5キロ増える）
　　　　　　increase by 10 to 15 percent（10-15% 増加する）
　　　　　　increase by about 2 percent（約2% 増える）
　　　　　　increase by as much as 76%（76% も増加する）
　　　　　　increase by 10% per year（年間 10% 増加する）
　　　　　　increase the speed by 25%（その速度を 25% 上げる）

474 ☐ increase to 33%：33%に増える

This **increased to 33%** in the second half of the 19th century.
（19 世紀の後半には、これが 33% に増えた。）

類似表現：increase to 33 percent
関連表現：increase to $150（150 ドルに上がる）
　　　　　　increase to 80℃（摂氏 80 度に上昇する）
　　　　　　increase from 300 to 500 calories
　　　　　　　　（300 カロリーから 500 カロリーに増える）
　　　　　　increase rapidly from 20.3% to 40.8%（20.3% から 40.8% に急増する）

475 ☐ increase five-fold：5倍に増える

The use of pesticides has **increased five-fold**.
（殺虫剤の使用が 5 倍に増えた。）

発音　-fold /fòuld/

類似表現：increase 5-fold, increase fivefold
関連表現：increase twofold（2倍に増える）
　　　　　　increase threefold（3倍に増える）
　　　　　　increase fourfold（4倍に増える）
　　　　　　increase tenfold（10 倍に増える）
　　　　　　increase almost 3-fold（ほぼ3倍に増える）
　　　　　　increase about 100-fold（約 100 倍に増える）
　　　　　　be diluted 5-fold（5倍に希釈される）

476 ☐ rise by 3.2 degrees：3.2度上昇する

The temperature **rose by** about **3.2 degrees** Celsius.
（その温度は、摂氏で約 3.2 度上昇した。）

関連表現：rise by 1.5℃（摂氏 1.5 度上昇する）
　　　　　　rise by 20 percent（20% 上昇する）
　　　　　　rise by 70.3%（70.3% 上昇する）

英語論文数字表現 717

rise by 5% on average（平均で5%上昇する）

477 ☐ rise to 80%：80%に上昇する

By 1970, this figure had **risen to 80%**.
（1970年までに、この数値は80%に上昇した。）

類似表現：rise to 80 percent
関連表現：rise to 4.51%（4.51%に上昇する）
rise to 32℃（摂氏32度に上昇する）
rise to 42 degrees Celsius（摂氏42度に上昇する）
rise to 150（150に上がる）
rise to $5 billion（50億ドルにのぼる）
rise to 200 pounds（200ポンドに上がる）
rise from $200 to $250（200ドルから250ドルに上がる）
rise from 10% to 25%（10%から25%に上昇する）

478 ☐ grow by 25%：25%増加する

The number of students also **grew by 25%**.
（学生数も25%増加した。）

類似表現：grow by 25 percent
関連表現：grow by about 50 percent（約50%増加する）
grow by over 12%（12%以上増加する）
grow to 21.3%（21.3%に増加する）
grow from 3% to 7%（3%から7%に成長する）

479 ☐ climb to 40.2 years：40.2歳にはね上がる，40.2歳に上昇する

In 2005, the average age **climbed to 40.2 years**.
（2005年には、その平均年齢が40.2歳にはね上がった。）

関連表現：climb to 20%（20%にはね上がる）
climb to $300（300ドルにはね上がる）
climb to 72℃（摂氏72度に上昇する）
climb to 3000 feet（3000フィートに上昇する）

480 ☐ jump to 33%：33%に急上昇する，33%にはね上がる

In 1992, the proportion **jumped to 33%**.
（1992年には、その割合が33%に急上昇した。）

類似表現：jump to 33 percent
関連表現：jump to 500 dollars（500ドルに急上昇する）

jump to 7,030 yen (7,030 円にはね上がる)
jump from 10 to 30 (10 から 30 にはね上がる)
jump from 2.8% to 15.7% (2.8% から 15.7% に急上昇する)

481 □ **soar to 5,000 francs**：5,000 フランに急上昇する，5,000 フランにはね上がる

The price **soared to 5,000 francs**.
(その価格が、5,000 フランに急上昇した。)

発音 soar /sɔ́ːr/
類似表現：soar to five thousand francs
関連表現：soar to 700 dollars (700 ドルにはね上がる)
soar to 120.33 yen (120 円 33 銭にはね上がる)
soar to 26% (26% に急上昇する)
soar from $2 million to $26 million
(200 万ドルから 2600 万ドルに急上昇する)

482 □ **decrease by 25 percent**：25%減少する

The import of meat **decreased by 25 percent**.
(肉の輸入が 25% 減少した。)

類似表現：decrease by 25%
関連表現：decrease by 20-30 percent (20-30% 減る)
decrease by approximately 15% (約 15% 減少する)
decrease by half (半減する)
decrease by 50% (50% 減少する，半減する)
decrease by $200 (200 ドル減る)

483 □ **decrease from 0.07 to 0.05**：0.07から0.05に減少する

The value **decreased from 0.07 to 0.05**.
(その値は、0.07 から 0.05 に減少した。)

関連表現：decrease from $200 to $180 (200 ドルから 180 ドルに減る)
decrease from 30.7% to 28.5% (30.7% から 28.5% に減少する)
decrease to 50℃ (摂氏 50 度に下がる)
decrease to 500 people (500 人に減る)

484 □ **fall from 7.3 to 5.8**：7.3から5.8に落ちる，7.3から5.8に減少する

The average number **fell from 7.3 to 5.8**.
(その平均数は、7.3 から 5.8 に落ちた。)

英語論文数字表現 **717**

関連表現：fall to 20%（20%に落ちる）
　　　　　fall to less than 50%（50%未満に落ちる）
　　　　　fall dramatically from 47% to 12%（47%から12%に急落する）
　　　　　fall by half from 1200 to 600（1200から600に半減する）
　　　　　fall by 5%（5%下落する）
　　　　　fall by more than 20%（20%以上減少する）
　　　　　fall by 3 dollars（3ドル減少する）

485 □ **drop to 5%**：5%に落ちる，5%に下がる，5%に減少する

After 2003, the percentage **dropped to 5%**.
（2003年以降、その割合は5%に落ちた。）

類似表現：drop to five percent
関連表現：drop to 20%（20%に落ちる）
　　　　　drop to 52.4%（52.4%に落ちる）
　　　　　drop to 2,500 yen（2,500円に下がる）
　　　　　drop to 17.2℃（摂氏17.2度に下がる）
　　　　　drop from 72 to 55（72から55に下がる）
　　　　　drop by 5%（5%下落する）
　　　　　drop by 7% on average（平均で7%下がる）

486 □ **decline by 3%**：3%減少する

The population of sparrows has **declined by 3%**.
（スズメの個体数が3%減少した。）

発音　decline /dikláin/

類似表現：decline by three percent
関連表現：decline by over 20%（20%以上減少する）
　　　　　decline by an additional 2%（さらに2%減少する）
　　　　　decline to 21.8%（21.8%に減少する）
　　　　　decline from 5% to 1%（5%から1%に減少する）

487 □ **shrink by half**：1/2に減少する，半減する

The sugarcane acreage has **shrunk by half** since 2002.
（サトウキビの作付面積は、2002年以降、1/2に減少した。）

発音　shrink /ʃríŋk/

類似表現：shrink by 50%
関連表現：shrink by 2%（2%減少する）
　　　　　shrink to $4 billion（40億ドルに減少する）

動詞表現

154

shrink from 20% to 12% (20%から12%に減少する)
shrink it by about 2 million yen (それを約200万円減らす)

488 □ exceed 60%：60%を超える

The relative humidity **exceeds 60%**.
(相対湿度が60%を超えている。)

発音 exceed /iksíːd/

類似表現：exceed 60 percent
関連表現：exceed 1.6 (1.6を超える)
exceed 100 meters (100メートルを超える)
exceed 20 minutes (20分を超える)
exceed 500 yen (500円を超える)
exceed 30 degrees (30度を超える)
exceed 1050 hPa (1050ヘクトパスカルを超える)

489 □ surpass $3 million：300万ドルを超える

The total income may **surpass $3 million**.
(総所得が、300万ドルを超えるかもしれない。)

発音 surpass /sərpǽs/

類似表現：surpass 3 million dollars, surpass three million dollars
関連表現：surpass 100 (100を超える)
surpass 20 percent (20%を超える)
surpass 5 kilometers (5キロを超える)
surpass 300 yen (300円を超える)

490 □ top 5 million yen：500万円を上回る，500万円を超える

The total cost **topped 5 million yen**.
(総経費は500万円を上回った。)

類似表現：top five million yen
関連表現：top $3 billion (30億ドルを上回る)
top $700 (700ドルを超える)
top 25% (25%を超える)
top 40 percent (40パーセントを上回る)

491 □ fall below 34℃：摂氏34度を下回る

The body temperature **falls below 34℃**.
(体温が摂氏34度を下回っている。)

英語論文数字表現 **717**

類似表現：fall below 34 degrees Celsius, fall below 34 degrees centigrade, drop below 34℃
関連表現：fall below 32°F（華氏32度を下回る）
　　　　　　fall below 100 yen（100円を下回る）
　　　　　　fall below 10%（10%を下回る）
　　　　　　drop below 10℃（摂氏10度を下回る）
　　　　　　drop below 5%（5%を下回る）
　　　　　　drop below 40 kg（40キロを下回る）
　　　　　　drop below $250 to $248（250ドルを下回って248ドルとなる）

492 □ **account for 40.2%**：40.2%を占める

This **accounts for 40.2%** of GDP.
（これは、GDPの40.2%を占めている。）

類似表現：account for 40.2 percent
関連表現：account for 23 percent（23%を占める）
　　　　　　account for approximately 90%（約90%を占める）
　　　　　　account for 21% of the total budget（総予算の21%を占める）

493 □ **occupy 250 acres**：250エーカーを占める

The forests **occupy** about **250 acres**.
（その森林は約250エーカーを占めている。）

関連表現：occupy 80 hectares（80ヘクタールを占める）
　　　　　　occupy an area of 15 km^2（15 km^{2}の面積を占める）
　　　　　　occupy about 20% of the area（その面積の約20%を占める）

494 □ **constitute 32%**：32%を占める，32%を構成する

This group **constitutes 32%** of the population.
（このグループが、人口の32%を占めている。）

発音　constitute /kɔ́nstitjùːt/

類似表現：constitute 32 percent
関連表現：constitute around 7%（約7%を占める）
　　　　　　constitute over 40%（40%以上を占める）
　　　　　　constitute about 10 to 15 percent（約10-15%を占める）
　　　　　　constitute the top 5%（上位5%を構成する）

495 □ **amount to $2 trillion**：2兆ドルにのぼる

The debt **amounted to** about **$2 trillion**.

(その負債は、約2兆ドルにのぼった。)

発音 amount /əmáunt/

類似表現：amount to 2 trillion dollars, amount to two trillion dollars
関連表現：amount to one billion yen (10 億円にのぼる)
 amount to 25% (25% にのぼる)
 amount to around 13.5% of GDP (GDP の約 13.5% にのぼる)
 amount to 1,000 tons (1,000 トンにのぼる)
 amount to approximately 9,000 words (約 9,000 語にのぼる)

496 ☐ approach $2 trillion：2兆ドルに近づく

In 2008, the total expenditure **approached $2 trillion**.
(2008 年には、総支出が2兆ドルに近づいた。)

類似表現：approach 2 trillion dollars, approach two trillion dollars
関連表現：approach 3 million yen (300 万円に近づく)
 approach 100% (100% に近づく)
 approach 3 billion (30 億に近づく)

497 ☐ spend $2 trillion：2兆ドルを費やす

The government **spent $2 trillion** on primary education.
(政府は、初等教育に2兆ドルを費やした。)

類似表現：spend 2 trillion dollars, spend two trillion dollars
関連表現：spend over $2,000 (2,000 ドル以上を費やす)
 spend nearly $5 million (約 500 万ドルを費やす)
 spend three years (3 年を費やす)
 spend approximately three hours on it (それに約3時間を費やす)
 spend 10 years doing (-するのに 10 年を費やす)

498 ☐ cost 50,000 yen：5万円かかる

It **costs** as much as **50,000 yen**.
(それには5万円もかかる。)

類似表現：cost fifty thousand yen
関連表現：cost $700 (700 ドルかかる)
 cost roughly 3000 yen (約 3000 円かかる)
 cost over $5000 (5000 ドル以上かかる)
 cost between $10 and $30 (10 ドルから 30 ドルかかる)

499 ☐ cost $80 each：単価が80ドルである

英語論文数字表現 **717**

The melons **cost $80 each**.
（そのメロンは、単価が 80 ドルである。）

類似表現：cost 80 dollars each, cost $80 apiece, cost 80 dollars apiece
関連表現：cost 500 yen each（単価が 500 円である）
　　　　　cost 120 yen apiece（単価が 120 円である）
　　　　　cost around 1000 yen each（単価が約 1000 円である）
　　　　　cost less than 100 dollars apiece（単価が 100 ドル未満である）

500 □ **cover three years**：3年にわたる，3年に及ぶ

This research project **covers three years**.
（この研究プロジェクトは、3 年にわたるものである。）

類似表現：cover 3 years
関連表現：cover almost 20 years（ほぼ 20 年にわたる）
　　　　　cover five countries（5 か国に及ぶ）
　　　　　cover about 8,000 km（約 8,000 キロに及ぶ）
　　　　　cover some 200 km^2（約 200 平方キロメートルに及ぶ）

501 □ **range from 80 to 90 percent**：80%から90%に及ぶ

The probability **ranges from 80 to 90 percent**.
（その確率は、80% から 90% である。）

発音　range /réindʒ/

類似表現：range from 80% to 90%
関連表現：range from 15 to 20 years（15 年から 20 年に及ぶ）
　　　　　range from 20 to 30 meters（20 メートルから 30 メートルに及ぶ）
　　　　　range from 50 to 70 liters（50 リットルから 70 リットルに及ぶ）
　　　　　range from 10 to 20℃（摂氏 10 度から摂氏 20 度に及ぶ）
　　　　　range from 10 to 20 cm in height（高さが 10-20 cm に及ぶ）
　　　　　range in age from 30 to 40（年齢が 30 歳から 40 歳に及ぶ）

502 □ **range between 20% and 30%**：20-30%の範囲内である

The humidity **ranged between 20% and 30%**.
（その湿度は、20-30% の範囲内であった。）

類似表現：range between 20 percent and 30 percent
関連表現：range between 20℃ and 25℃（摂氏 20-25 度の範囲内である）
　　　　　range between 0.17 and 0.22（0.17 から 0.22 の範囲内である）
　　　　　range between 20 and 25 percent（20-25% の範囲内である）

動詞表現

503 □ vary from 5,000 to 30,000 : 5,000から30,000の間を変動する

The number of bacteria **varied from 5,000 to 30,000**.
(細菌数は、5,000 から 30,000 の間を変動した。)

発音： vary /véəri/
関連表現：vary from 10℃ to 12℃（摂氏 10 度から摂氏 12 度の間を変動する）
　　　　　vary from 10% to 30%（10% と 30% の間を変動する）
　　　　　vary from 5 to 10 cm（5 センチから 10 センチまで様々である）
　　　　　vary between $200 and $400（200 ドルから 400 ドルまで様々である）
　　　　　vary up to about 5 percent（5% 程度まで変動する）

504 □ change from 0.08 to 0.76 : 0.08から0.76に変化する

The probability **changed from 0.08 to 0.76**.
(その確率は、0.08 から 0.76 に変化した。)

関連表現：change from 10% to 12%（10% から 12% に変化する）
　　　　　change to 25 cm^2（25cm^2 に変化する）
　　　　　change to − 6（− 6 に変化する）

505 □ add up to 125 degrees : 合計して125度となる

The angles A and B **add up to 125 degrees**.
(角 A と角 B は、合計して 125 度となる。)

類似表現：add up to 125°
関連表現：add up to 100（合計して 100 になる）
　　　　　add up to $1,000（合計して 1,000 ドルとなる）
　　　　　add up to 360 degrees（合計して 360 度となる）

506 □ total 200 : 全体で200である

The subjects **totaled 200**.
(被験者は、全体で 200 人であった。)

類似表現：total two hundred
関連表現：total 500 companies（全体で 500 社である）
　　　　　total $8000（全体で 8000 ドルである，総額 8000 ドルである）
　　　　　total approximately one trillion yen（総額約 1 兆円である）
　　　　　total about 40%（全体で約 40% である）

507 □ average 2.7 meters : 平均して2.7メートルである

The 50 trees **average 2.7 meters** in height.

(その50本の木は、高さが平均して2.7メートルである。)

発音 average /ǽvəridʒ/

類似表現：average 2.7 m

関連表現：average 3 mm (平均で3ミリである)
　　　　　　average 5 hours (平均して5時間である)
　　　　　　average about 50 pages (平均で約50ページである)
　　　　　　average 30.8% (平均すると30.8%である)

508 □ equal 0.5：0.5に等しい

Therefore, 1 divided by 2 **equals 0.5**.
(したがって、1÷2は0.5である。)

発音 equal /íːkwəl/

類似表現：be equal to 0.5

関連表現：equal zero (0に等しい，0である)
　　　　　　equal 1 (1に等しい，1である)
　　　　　　equal 20.5 mm (20.5ミリである)
　　　　　　equal 1.82 moles (1.82モルに等しい)
　　　　　　equal 2n (2nに等しい)

509 □ measure 3 meters：3メートルである

It **measures** about **3 meters** in height.
(それは、高さが約3メートルである。)

発音 measure /méʒər/

類似表現：measure 3 m, be 3 meters, be 3 m

関連表現：measure 20 cm in length (長さが20センチである)
　　　　　　measure 8 mm in diameter (直径が8ミリである)
　　　　　　measure nearly 10 g (ほぼ10グラムである)
　　　　　　measure between 90 and 180 degrees (90-180度である)

510 □ read 2.8 g：2.8グラムを示す

The scale **reads 2.8 g**.
(その重量計は、2.8グラムを示している。)

類似表現：read 2.8 grams

関連表現：read 7.5 kg (7.5キロを示す)
　　　　　　read 28.3℃ (摂氏28.3度を示す)
　　　　　　read $320 (320ドルを示す)
　　　　　　read zero (0を示す)

511 ☐ stand at 5 million yen：500万円である，500万円を示す

The debt **stood at** around **5 million yen**.
(その負債は、およそ500万円であった。)

類似表現：stand at five million yen
関連表現：stand at 2000 (2000である)
　　　　　stand at 20.8% (20.8%である)
　　　　　stand at $25 (25ドルである)
　　　　　stand at 30℃ (摂氏30度を示す)
　　　　　stand at over 100 (100を超えている)

512 ☐ register 12.8 degrees：12.8度を記録する，12.8度を指し示す

The thermometer **registered 12.8 degrees** below zero.
(その温度計は、マイナス12.8度を記録した。)

発音　register /rédʒistər/
関連表現：register 40.2℃ (摂氏40.2度を記録する)
　　　　　register 20 km/h (時速20キロを記録する)
　　　　　register a 5% rise (5%の上昇を示す)

513 ☐ last 10 weeks：10週間続く

The experiment **lasted 10 weeks**.
(その実験は、10週間続いた。)

類似表現：last ten weeks
関連表現：last 24 hours (24時間続く)
　　　　　last three days (3日間続く)
　　　　　last 20-30 minutes (20-30分続く)
　　　　　last about 5 hours (約5時間続く)
　　　　　last about 45 minutes (約45分間続く)
　　　　　last approximately one month (約1か月間続く)
　　　　　last 20 years (20年間続く)
　　　　　last a decade (10年間続く)
　　　　　last as many as 10 years (10年も続く)

514 ☐ last until 1952：1952年まで続く

This journal **lasted until 1952**.
(この学術雑誌は、1952年まで続いた。)

関連表現：last until 2012 (2012年まで続く)
　　　　　last until March (3月まで続く)

last from 1973 to 1975（1973 年から 1975 年まで続く）
last from April to June（4月から6月まで続く）

515 □ date back to the 16th century：16世紀にさかのぼる

This record **dates back to the 16th century**.
（この記録は、16 世紀にさかのぼる。）

類似表現：date back to the sixteenth century
関連表現：date back to the 17th century（17 世紀にさかのぼる）
　　　　　date back to the early nineteenth century（19 世紀初頭にさかのぼる）
　　　　　date back to the 8th century AD（西暦 8 世紀にさかのぼる）
　　　　　date back to the 7th century or earlier（7 世紀かそれ以前にさかのぼる）
　　　　　date back to AD 700-900（西暦 700-900 年にさかのぼる）
　　　　　date back to the 1990s（1990 年代にさかのぼる）
　　　　　date from 1966（1966 年にさかのぼる）
　　　　　date from the 18th century（18 世紀にさかのぼる）
　　　　　date from five years ago（5 年前にさかのぼる）
　　　　　go back to 1977（1977 年にさかのぼる）
　　　　　go back to the 18th century（18 世紀にさかのぼる）

516 □ survey 2,000 students：2,000人の学生を調査する

This study **surveyed 2,000 students**.
（本研究では、2,000 人の学生を調査した。）

発音　survey /sərvéi/
類似表現：survey two thousand students
関連表現：survey approximately 300 people（約 300 人を調査する）
　　　　　survey over 500 subjects per year（年間 500 人以上の被験者を調査する）
　　　　　a three-year survey（3 年間の調査）
　　　　　a random survey of 100 households（100 世帯の無作為調査）
　　　　　in the 2012 survey（2012 年の調査では）

517 □ magnify the image five times：その画像を5倍に拡大する

It can **magnify the image** nearly **five times**.
（それは、その画像をほぼ 5 倍に拡大することができる。）

発音　magnify /mǽgnəfài/
類似表現：magnify the image five diameters
関連表現：magnify it three times（それを 3 倍に拡大する）
　　　　　magnify it 20 times（それを 20 倍に拡大する）

magnify it ten diameters（それを 10 倍に拡大する）
magnify the cell up to 300 times（その細胞を最大 300 倍まで拡大する）
be magnified 50 times（50 倍に拡大される）
be magnified almost 10 times（ほぼ 10 倍に拡大される）

518 □ reduce the time to 5 minutes：その時間を 5 分に縮小する

Hence, it is important to **reduce the time to 5 minutes**.
（したがって、その時間を 5 分に縮小することが重要である。）

発音 reduce /ridjúːs/
類似表現：reduce the time to five minutes
関連表現：reduce it to 25%（それを 25% に縮小する）
reduce it to 15 pounds（それを 15 ポンドに減らす）
reduce it from 10% to 8%（それを 10% から 8% に減らす）
reduce the diameter by 1/3（その直径を 1/3 短くする）

519 □ consist of 30 chapters：30 章で成り立つ，30 章から成る

This book **consists of 30 chapters**.
（本書は、30 章で成り立っている。）

発音 consist /kənsíst/
類似表現：consist of thirty chapters
関連表現：consist of 10 components（10 の構成要素で成り立つ）
consist of three stages（3 つの段階で成り立つ）
consist of two parts（2 つの部分で成り立つ）
consist of 5 atoms（5 個の原子から成る）
consist of 100 cells（100 個の細胞から成る）

520 □ be made up of three parts：3 つの部分から成る，
　　　　　　　　　　　　　　　3 つの部分で成り立つ

This **is made up of three parts**.
（これは、3 つの部分から成っている。）

類似表現：be made up of 3 parts
関連表現：be made up of 7 sections（7 節から成る）
be made up of 10 letters（10 文字で構成される）
be made up of four kinds of nucleotides（4 種類のヌクレオチドから成る）
be made up of about 70 trillion cells（約 70 兆個の細胞から成る）
be made up of at least two parts（少なくとも 2 つの部分で構成される）

動詞表現

英語論文数字表現 717

521 ☐ be composed of three elements：3つの元素で構成される

It **is composed of three elements**.
（それは、3つの元素で構成されている。）

発音 composed /kəmpóuzd/

類似表現：be composed of 3 elements

関連表現：be composed of two sentences（2つの文で構成される）
be composed of four parts（4つの部分で構成される）
be composed of three modules（3つのモジュールで構成される）
be composed of 10 layers（10の層で構成される）

522 ☐ lie between 1/3 and 5/6：1/3から5/6の間である

The probability **lies between 1/3 and 5/6**.
（その確率は、1/3から5/6の間である。）

関連表現：lie between 0 and 0.5（0-0.5 の間である）
lie between 10 and 20%（10-20% の間である）
lie between 10.32 m/s and 16.82 m/s（10.32-16.82 m/s の間である）
average between 1000 yen and 3000 yen
　　（平均で 1000-3000 円の間である）
cost between \$500 and \$700（500ドルから700ドルかかる）

523 ☐ be between 10% and 15%：10-15%の間である

The concentration **is between 10% and 15%**.
（その濃度は、10-15% の間である。）

関連表現：be between 3.2 and 5.8（3.2-5.8 の間である）
be between 10℃ and 15℃（摂氏 10-15 度の間である）
be between \$500 and \$700（500-700 ドルの間である）
be between 10 and 12 km（10-12 km の間である）

524 ☐ be only 0.05：わずか0.05である

The probability **is only 0.05**.
（その確率は、わずか 0.05 である。）

関連表現：be only 10-20%（たったの 10-20% に過ぎない）
be only 30 mm（わずか 30 ミリである）
be only 45 km^2（たったの 45 km^2 に過ぎない）
be only 1/5 of the total length（全長のわずか 1/5 である）

525 ☐ be above 30℃：摂氏30度を超えている

521 - 529

The temperature **is above 30**℃.
(気温は、摂氏 30 度を超えている。)
類似表現：be above 30 degrees Celsius, be above 30 degrees centigrade
関連表現：be above 50%（50%を超えている）
　　　　　be above two（2を超えている）
　　　　　be above 20 m（20 メートルを超えている）

526 □ **be below 50%**：50%未満である

The relative humidity **is below 50%**.
(その相対湿度は、50% 未満である。)
類似表現：be below 50 percent
関連表現：be below 40℃（摂氏 40 度未満である）
　　　　　be below 0℃（摂氏 0 度未満である）
　　　　　be below 100（100 未満である）
　　　　　be below 0.25（0.25 未満である）

527 □ **be over 500**：500を超えている

In fact, that number **is over 500**.
(実際のところ、その数は 500 を超えている。)
関連表現：be over 60（60 歳を超えている）
　　　　　be over 10 years old（10 歳を超えている）
　　　　　be over 50,000 people（5 万人を超えている）
　　　　　be over 100 years（100 年を超えている）
　　　　　be over 40℃（摂氏 40 度を超えている）
　　　　　be over 100 kilograms（100 キロを超えている）

528 □ **be under 30%**：30%未満である

The response rate **was under 30%**.
(その回答率は、30% 未満であった。)
類似表現：be under 30 percent
関連表現：be under 10 km/h（時速 10 キロ未満である）
　　　　　be under 90 dB（90 デシベル未満である）
　　　　　be under 20 inches in length（長さが 20 インチ未満である）
　　　　　be under 20（20 歳未満である）
　　　　　be under $10（10 ドル未満である）

529 □ **be greater than 38 degrees Celsius**：摂氏38度を超えている

動詞表現

英語論文数字表現 **717**

The room temperature **is greater than 38 degrees Celsius**.
（室温は、摂氏 38 度を超えている。）
類似表現：be greater than 38℃ , be greater than 38 degrees centigrade
関連表現：be greater than 2000 ppm（2000 ppm を超えている）
　　　　　be greater than 80℉（華氏 80 度を超えている）
　　　　　be greater than 70%（70% を超えている）
　　　　　be higher than 30℃（摂氏 30 度を超えている）
　　　　　be lower than 10%（10% 未満である）
　　　　　be more than ten percent（10% を上回っている）

530 □ **be in excess of 2 liters**：2リットルを超えている、
　　　　　　　　　　　　　　　　2リットルを上回っている

The amount of water **is in excess of 2 liters**.
（水の量は、2リットルを超えている。）
発音　excess /iksés/
類似表現：be in excess of two liters
関連表現：be in excess of 140℃（摂氏 140 度を超えている）
　　　　　be in excess of 35%（35% を上回っている）
　　　　　a monthly income in excess of 2 million yen（200 万円を上回る月収）
　　　　　over a period in excess of 20 years（20 年を上回る期間にわたって）
　　　　　require in excess of 300 pages（300 ページ超を必要とする）

531 □ **be not more than 500 words**：500 語以下である、
　　　　　　　　　　　　　　　　　　500 語以内である

The number of words **is not more than 500 words**.
（その語数は、500 語以下である。）
関連表現：be not more than 3%（3% 以下である）
　　　　　be not more than 10℃（摂氏 10 度以下である）
　　　　　be not more than 0.38（0.38 以内である）
　　　　　not more than 0.5 mm（0.5 mm 以下）
　　　　　in not more than 50 words（50 語以内で）

532 □ **be not less than 5%**：5%以上である

Interestingly, the percentage **is not less than 5%**.
（興味深いことに、その割合は 5 % 以上である。）
関連表現：be not less than 10℃（摂氏 10 度以上である）
　　　　　not less than 10 cm（10 センチ以上）

動詞表現

not less than 50 dollars (50 ドル以上)
a total of not less than 500 books (全体で 500 冊以上の本)

533 □ **be 0.8 or higher** : 0.8以上である

The value should **be 0.8 or higher**.
(その値は、0.8 以上であるべきである。)

関連表現：be 20 cents or higher (20 セント以上である)
be $200 or higher (200 ドル以上である)
be 210,000 yen or higher (21 万円以上である)
be 40 percent or higher (40 パーセント以上である)
a score of 5 or higher (5以上のスコア)
at 500 meters or higher (500 メートル以上の所に)

534 □ **be 4.2 or lower** : 4.2以下である

The score **was 4.2 or lower**.
(そのスコアは、4.2 以下であった。)

関連表現：be 70% or lower (70% 以下である)
be 500 dollars or lower (500 ドル以下である)
120 meters or lower (120 メートル以下)

535 □ **be larger than 2.5 mm** : 2.5ミリより大きい

The particles **are larger than 2.5 mm** in diameter.
(その粒子は、直径が 2.5 ミリより大きい。)

類似表現：be larger than 2.5 millimeters
関連表現：be larger than 0.7 (0.7 より大きい)
be larger than 30 cm (30 センチより大きい)
particles larger than 3 mm (3 ミリより大きい粒子)

536 □ **be smaller than 10** : 10より小さい，10未満である

Note that *n* **is smaller than 10**.
(*n* は 10 より小さい点に注意されたい。)

関連表現：be smaller than 0 (0 より小さい)
be smaller than 5 mm (5 ミリ未満である)
be smaller than ¥2 trillion (2 兆円未満である)
be smaller than or equal to 100 (100 以下である)
be 5% or smaller (5% 以下である)
particles smaller than 5 mm (5 ミリ未満の粒子)

537 □ **be thicker than 20 mm** ：厚みが 20 ミリ以上である
　　　　　　　　　　　　　　　　　　（厚みが 20 ミリよりも大きい）

The layer **is thicker than 20 mm**.
（その層の厚みは、20 ミリ以上である。）

類似表現：be thicker than 20 millimeters
関連表現：be heavier than 20 kg（重さが 20 キロ以上である）
　　　　　be longer than 10 seconds（長さが 10 秒以上である）
　　　　　be longer than 10 minutes（長さが 10 分以上である）
　　　　　be longer than 2 hours（長さが 2 時間以上である）
　　　　　be deeper than 3 meters（深さが 3 メートル以上である）
　　　　　be faster than 250 km/h（速度が 250 km/h 以上である）

538 □ **be within 5℃-7℃** ：摂氏 5-7 度以内である

The temperature should **be within 5℃-7℃**.
（その温度は、摂氏 5-7 度以内であるべきである。）

類似表現：fall within 5℃-7℃
関連表現：be within 1%（1% 以内である）
　　　　　be within ±10%（±10% 以内である）
　　　　　be within 5% of the mass（その質量の 5% 以内である）
　　　　　be within 1.5 times the volume（その体積の 1.5 倍以内である）
　　　　　fall within 3%（3% 以内である）
　　　　　fall within 25% of the area（その面積の 25% 以内である）

539 □ **be within a range of ±3.0** ：±3.0 の範囲内である，
　　　　　　　　　　　　　　　　　　　±3.0 の範囲内にある

The value must **be within a range of ±3.0**.
（その値は、±3.0 の範囲内でなければならない。）

類似表現：fall within a range of ±3.0
関連表現：be within a range of 1 to 9（1 から 9 の範囲内である）
　　　　　fall within the range of 50 to 90（50-90 の範囲内にある）
　　　　　fall in the range of $200 to $250（200-250 ドルの範囲内にある）
　　　　　be in the $100-150 range（100-150 ドルの範囲内にある）
　　　　　be in the range of 5 to 8 mm（5-8 ミリの範囲内にある）

540 □ **be close to 3** ：3 に近い，ほぼ 3 である

The former number **is** very **close to 3**.
（前者の数字は 3 に極めて近い。）

発音 close /klóus/《発音注意》
関連表現：be close to 100%（100% に近い，ほぼ 100% である）
　　　　　　be close to zero（0 に近い，ほぼ 0 である）
　　　　　　be close to 40 miles per hour（時速約 40 マイルである）
　　　　　　be closer to 3 than to 4（4 よりも 3 に近い）
　　　　　　become very close to 1（1 に極めて近くなる）
　　　　　　become closer to 5（5 により近くなる）
　　　　　　at a temperature closer to 39℃（摂氏 39 度により近い温度で）

541 □ be equivalent to 2.54 centimeters：2.54センチに等しい

One inch **is equivalent to 2.54 centimeters**.
（1インチは 2.54 センチに等しい。）

発音 equivalent /ikwívələnt/
類似表現：be equivalent to 2.54 cm
関連表現：be equivalent to 6.7 kg（6.7 kg に等しい）
　　　　　　be equivalent to 5.2 J（5.2 ジュールに等しい）
　　　　　　be equivalent to 1 atm（1 気圧と同等である）
　　　　　　be equivalent to zero（0 に等しい，0 である）
　　　　　　be not equivalent to (20)（(20) と同等ではない）

542 □ be the same as one third：1/3 と同じである

Two sixths **is the same as one third**.
（2/6 は 1/3 と同じである。）

類似表現：be the same as 1/3
関連表現：be the same as 3+2（3+2 と同じである）
　　　　　　be the same as 2.20（2.20 と同じである）
　　　　　　be the same as 10 meters（10 メートルと同じである）
　　　　　　be not the same as 1/4（1/4 と同じではない）

543 □ be almost zero：ほぼ 0 である

The probability **is almost zero**.
（その確率はほぼ 0 である。）

類似表現：be nearly zero, be roughly zero, be approximately zero
関連表現：be not zero（0 ではない）
　　　　　　be equal to zero（0 に等しい，0 である）
　　　　　　be approximately equal to zero（ほぼ 0 に等しい）
　　　　　　be next to zero（0 に近い，ほぼ 0 である）

return to zero（0に戻る）
result in zero（0になる）

544 ☐ be limited to 10 minutes：10分に限定される

The interview **was limited to 10 minutes**.
（そのインタビューは、10分に限定された。）

類似表現：be limited to ten minutes
関連表現：be limited to one hour（1時間に限定される）
　　　　　　be limited to 10 weeks（10週間に限定される）
　　　　　　be limited to five years（5年に限定される）
　　　　　　be limited to 100 subjects（100人の被験者に限定される）
　　　　　　be only limited to three countries（3か国のみに限定される）

545 ☐ be worth $3500：3500ドルの価値がある

This picture **is** only **worth $3500**.
（この絵は、3500ドルの価値しかない。）

発音　worth /wə́ːrθ/

類似表現：be worth 3500 dollars
関連表現：be worth a million dollars（100万ドルの価値がある）
　　　　　　be worth one million yen（100万円の価値がある）
　　　　　　be worth around $5000（約5000ドルの価値がある）
　　　　　　be worth about 30 cents（約30セントの価値がある）
　　　　　　be still worth $200（依然として200ドルの価値がある）

546 ☐ be estimated at 2.1%：2.1%と推定される

The inflation **is estimated at 2.1%**.
（インフレ率は、2.1%と推定される。）

発音　estimated /éstəmèitid/

類似表現：be estimated at 2.1percent
関連表現：be estimated at 56 percent（56%と推定される）
　　　　　　be estimated at $5,000（5,000ドルと推定される）

547 ☐ be kept at 15 km/h：時速15キロに保たれる

The speed **was kept at 15 km/h**.
（その速度は、時速15キロに保たれた。）

類似表現：be kept at 15 kilometers per hour

関連表現：be kept at 20℃（摂氏20度に保たれる）
　　　　　　be kept at －20℃（摂氏－20度に保たれる）
　　　　　　be kept at 70%（70%に保たれる）
　　　　　　be kept at 80 rpm（毎分80回転に保たれる）
　　　　　　must be kept at 7.0（7.0に保たれなければならない）
　　　　　　be kept below 5℃（摂氏5度未満に保たれる）
　　　　　　be held at 4℃（摂氏4度に保たれる）
　　　　　　be held at 4500 V（4500ボルトに保たれる）
　　　　　　be held at 2.26%（2.26%に保たれる）

548 □ be classified into two types：2つのタイプに分類される

These examples can **be classified into two types**.
（これらの事例は、2つのタイプに分類することができる。）

発音 classified /klǽsəfàid/

類似表現：be classified into 2 types
関連表現：be classified into five subgroups（5つの下位グループに分類される）
　　　　　　be classified into two groups（2つのグループに分類される）
　　　　　　be classified into the following two types
　　　　　　　（以下の2つのタイプに分類される）
　　　　　　be further classified into 3 categories
　　　　　　　（さらに3つのカテゴリーに分類される）

549 □ be divided into three groups：3つのグループに分割される

Based on these criteria, the subjects **were divided into three groups**.
（これらの基準に基づいて、被験者は3つのグループに分割された。）

発音 divided /diváidid/

類似表現：be divided into 3 groups
関連表現：be divided into three parts（3分割される）
　　　　　　be divided into two portions（2分割される）
　　　　　　be divided into five phases（5段階に分割される）
　　　　　　be divided into five sections（5つの節に分割される）
　　　　　　be divided into two categories（2つのカテゴリーに分割される）
　　　　　　be divided into two halves（2分割される）
　　　　　　be divided into four quarters（4分割される）
　　　　　　divide them into groups of five（彼らを5人グループに分ける）

550 □ halve to 22%：22%に半減する，1/2の22%となる

This proportion has **halved to 22%**.
(この割合は、22%に半減した。)

発音 halve /hǽːv/

類似表現：halve to 22 percent
関連表現：halve from 500 to 250（500から250に半減する）
　　　　　　have almost halved（ほぼ半分となった）
　　　　　　the volume has halved（その体積が1/2となった）
　　　　　　halve the pressure（その圧力を1/2にする）
　　　　　　when the area is halved（その面積が1/2に減らされるとき）

551 □ **more than double**：2倍以上となる，2倍以上になる

It is for this reason that the price of rice **more than doubled**.
(米の価格が2倍以上となったのは、このためである。)

関連表現：the number nearly doubled（その数がほぼ2倍となった）
　　　　　　the percentage has doubled（その割合が2倍となった）
　　　　　　the effect almost doubles（その効果はほぼ2倍になる）
　　　　　　the volume approximately doubles（その体積は約2倍になる）
　　　　　　double the amount of oxygen（酸素の量を2倍にする）
　　　　　　double its area（その面積を2倍にする）
　　　　　　double the energy（そのエネルギーを2倍にする）

552 □ **have almost tripled**：ほぼ3倍となった，ほぼ3倍になった

Beef production **has almost tripled**.
(牛肉の生産がほぼ3倍となった。)

類似表現：have nearly tripled
関連表現：have approximately tripled（約3倍となった）
　　　　　　the number more than tripled（その数が3倍以上となった）
　　　　　　until it triples（それが3倍となるまで）
　　　　　　triple the population（その人口を3倍にする）
　　　　　　triple its length（その長さを3倍にする）
　　　　　　triple the number of students（学生数を3倍にする）

553 □ **quadruple the number of customers**：顧客数を4倍にする

It is quite difficult to **quadruple the number of customers**.
(顧客数を4倍にするのは、かなり難しいことである。)

発音 quadruple /kwɔ́drupl/

関連表現：quadruple its volume（その体積を4倍にする）

quadruple the amount of nitrogen（窒素の量を4倍にする）
the distance simply quadruples（その距離が単に4倍となる）
the number more than quadrupled（その数が4倍以上となった）
the volume must quadruple（その体積が4倍にならなければならない）
have more than quadrupled（4倍以上となった）

名詞表現

554 □ 20 to 30 percent：20-30%

Buddhists account for **20 to 30 percent** of the total population.
（仏教徒が、総人口の 20-30% を占めている。）

類似表現：20-30%, 20-30 percent
関連表現：5 to 10 miles（5-10 マイル）
eight to ten amino acids（8-10 種のアミノ酸）
three to five times（3-5 倍）
between 3 to 12 months（3-12 か月の間に）
in 30 to 50 words（30-50 語で）
be only 200 to 300（たったの 200-300 に過ぎない）

555 □ these 20 pairs：この20対

These 20 pairs were divided into three categories.
（この 20 対が 3 つのカテゴリーに分割された。）

類似表現：these twenty pairs
関連表現：three to five pairs（3-5 対）
all four pairs（4 対すべて）
two pairs of concepts（2 対の概念）
a pair of stimuli（1 対の刺激）
a pair of researchers（研究者のペア）

556 □ these three questions：この3つの疑問

The aim of this paper is to answer **these three questions**.
（本稿の目的は、この 3 つの疑問に答えることである。）

類似表現：these 3 questions
関連表現：these two countries（この 2 つの国）
these five models（この 5 つのモデル）
these six categories（この 6 つのカテゴリー）

these 10 books（この 10 冊の本）

557 ☐ two other issues：他の２つの問題

Two other issues are also worth noting.
（他の２つの問題も、注目に値する。）

関連表現：three other parameters（他の３つのパラメーター）
four other genes（他の４つの遺伝子）
eight other countries（他の８か国）
ten other subjects（他の 10 人の被験者）
ten other persons（他の 10 人）

558 ☐ the first two chapters：最初の２つの章

The first two chapters deal with the basic principles of chemistry.
（最初の２つの章では、化学の基本原理について論じる。）

類似表現：the first 2 chapters
関連表現：the first 100 years（最初の 100 年）
the first two lines（最初の２行）
the first 20 persons（最初の 20 人）
the first 100 people（最初の 100 人）
the first two（最初の２つ）

559 ☐ the last two sections：最後の２つの節

The last two sections deal with the advancement of molecular biology.
（最後の２つの節では、分子生物学の発展について論じる。）

類似表現：the last 2 sections
関連表現：the last three days（最後の３日）
the last 15 minutes（最後の 15 分）
the last three years（最後の３年間）
the last 5 lines（最後の５行）
the last five（最後の５つ）

560 ☐ the following three conditions：以下の３つの条件

In this case, **the following three conditions** must be satisfied.
（この場合には、以下の３つの条件が満たされなければならない。）

類似表現：the following 3 conditions
関連表現：the following three principles（以下の３つの原理）

the following two hypotheses（以下の2つの仮説）
the following five elements（以下の5つの要素）
the following four sections（以下の4つの節）
the following two facts（以下の2つの事実）
in the following two sections（以下の2つの節では）
the next three（次の3つ）
the next two examples（次の2つの例）

561 ☐ a further 30 universities：さらに30の大学

There are **a further 30 universities** in Japan.
（日本には、さらに30の大学がある。）

類似表現：a further thirty universities
関連表現：a further 10 tons of wastes（さらに10トンの廃棄物）
a further 50 students（さらに50人の学生）
a further 10% reduction（さらに10%の減少）
a further 5 cm（さらに5cm）
a further rise of 1.2℃（さらに1.2℃の上昇）
for a further 3 hours（さらに3時間）
for a further two decades（さらに20年間）

562 ☐ an additional 2 liters：さらに2リットル

In this case, **an additional 2 liters** of water may be needed.
（この場合、さらに2リットルの水が必要とされるかもしれない。）

発音　additional /ədíʃənl/

類似表現：an additional two liters
関連表現：an additional $5（さらに5ドル）
an additional 20%（さらに20%）
an additional 500 people（さらに500人）
an additional 100 researchers（さらに100人の研究者）
for an additional 5 minutes（さらに5分間）
for an additional 6 hours（さらに6時間）

563 ☐ a mere two months：たったの2か月，わずか2か月

The period of preparation was **a mere two months**.
（その準備期間は、たったの2か月であった。）

発音　mere /míər/

類似表現：a mere 2 months

英語論文数字表現 717

関連表現：a mere eight months（たったの8か月）
　　　　　a mere five years（たったの5年）
　　　　　a mere 10 yen（わずか10円）
　　　　　a mere 3%（たったの3%）
　　　　　a mere 5% of its sales（その売上のわずか5%）

564 □ first-year students：1年生

All the subjects were **first-year students**.
（その被験者全員が1年生であった。）

関連表現：a first-year student（1年生）
　　　　　first-year and second-year students（1年生と2年生）
　　　　　the majority of third-year students（3年生の大半）
　　　　　many four-year students（多くの4年生）

565 □ the third group：第3グループ

The third group peaked at age 30.
（第3グループは、30歳でピークに達した。）

類似表現：the 3rd group
関連表現：the second group（第2グループ）
　　　　　the third category（第3のカテゴリー）
　　　　　the second law（第2法則）
　　　　　the fifth axiom（第5公理）
　　　　　the third hypothesis（第3の仮説）
　　　　　the second Abe Cabinet（第2次安倍内閣）
　　　　　the first draft（初稿）
　　　　　the first number in each pair（各ペアの最初の数字）
　　　　　Kepler's first law（ケプラーの第一法則）
　　　　　Newton's third law（ニュートンの第三法則）
　　　　　in the first condition（第1条件では）
　　　　　in the third world（第三世界では）
　　　　　in the fourth example（4つ目の例では）

566 □ the second longest river：2番目に長い川

The Tone River is **the second longest river** in Japan.
（利根川は、日本で2番目に長い川である。）

関連表現：the second largest continent（2番目に大きい大陸）
　　　　　the third best university（3番目に良い大学）
　　　　　the fourth biggest company（4番目に大きい会社）

the fifth deepest lake（5番目に深い湖）
the third most important crop（3番目に重要な作物）

567 □ the third number from the right：右から3番目の数字

The third number from the right is 7.
（右から3番目の数字は、7である。）

関連表現：the fifth number from the left（左から5番目の数字）
the third man from the right（右から3番目の男性）
the second color from the top（上から2番目の色）
the sixth hole from the bottom（下から6番目の穴）
the third car from the front（前から3番目の車両）
the fourth seat from the rear（後ろから4番目の席）
the second person from the last（最後から2番目の人）

568 □ the top three countries：上位3か国

Japan is one of **the top three countries**.
（日本は、上位3か国の1つである。）

類似表現：the top 3 countries
関連表現：the top five songs（上位5曲）
the top 10 countries（上位10か国）
the bottom two teams（下位2チーム）
the bottom 50 percent（下位50パーセント）

569 □ an example of personification：擬人化の一例

This is **an example of personification**.
（これは擬人化の一例である。）

類似表現：one example of personification
関連表現：an example of assimilation（同化の一例）
one example of diversity（多様性の一例）
several hundred examples（数百例）
the following two examples（以下の2つの例）
the remaining 30 examples（残りの30例）
present three examples（3つの例を提示する）
collect 500 examples（500例を収集する）

570 □ one of the most serious issues：最も深刻な問題の1つ

This is still **one of the most serious issues**.

(これは依然として、最も深刻な問題の1つである。)

関連表現：one of the reasons（その理由の1つ）
　　　　　　　one of the test tubes（その試験管の1つ）
　　　　　　　one of these changes（これらの変化の1つ）
　　　　　　　one of the most important processes（最も重要なプロセスの1つ）
　　　　　　　one of the scientists（その科学者の一人）
　　　　　　　one of the organizers（その主催者の一人）
　　　　　　　one or more of them（それらの1つまたはそれ以上）

571 □ a second characteristic：もう1つの特徴

A second characteristic is the abstractness of representations.
(もう1つの特徴は、表示の抽象性である。)

関連表現：a second alternative（もう1つの代案）
　　　　　　　a second reason（もう1の理由）
　　　　　　　a second account（もう1つの説明）
　　　　　　　a second project（もう1つのプロジェクト）
　　　　　　　a second set of comparative experiments（もう1組の比較実験）
　　　　　　　a second way of doing（−するもう1つの方法）
　　　　　　　a third principle（さらにもう1つの原理）
　　　　　　　a third theory（さらにもう1つの理論）

572 □ a two-stage approach：2段階アプローチ

In Johnson (2008), **a two-stage approach** is adopted.
(Johnson (2008) では、2段階アプローチが採用されている。)

類似表現：a 2-stage approach
関連表現：a 2-stage process（2段階のプロセス）
　　　　　　　a two-stage procedure（2段階の手順）
　　　　　　　propose a three-stage approach（3段階アプローチを提案する）

573 □ a three-dimensional structure：3次元構造

It has **a three-dimensional structure**.
(それは、3次元構造を持っている。)

発音 dimensional /dimén∫nl/

類似表現：a 3-dimensional structure
関連表現：a one-dimensional model（1次元モデル）
　　　　　　　a two-dimensional plane（2次元平面）
　　　　　　　a three-dimensional atlas（3次元の地図帳）

a four-dimensional space（4次元空間）
two-dimensional maps（2次元の地図）
three-dimensional objects（3次元の物体）
make a six-dimensional space（6次元空間を作る）
3D images（3D画像）

574 ☐ a three-layer structure：3層構造

This model has **a three-layer structure**.
（このモデルは、3層構造になっている。）

発音 layer /léiər/

類似表現：a 3-layer structure

関連表現：a four-layer structure（4層構造）
a two-layer system（2層システム）
the 20 cm layer（その20cmの層）
the second layer of this model（このモデルの第2層）
in the third layer（第3層には）
have five layers（5つの層がある）

575 ☐ a third-generation model：第3世代のモデル

This is widely known as **a third-generation model**.
（これは、第3世代のモデルとして広く知られている。）

発音 generation /dʒènəréiʃən/

関連表現：a second-generation robot（第2世代のロボット）
third-generation immigrants（第3世代の移民）
the first generation of computers（コンピュータの第1世代）
five generations of technology（5世代の技術）
become the first generation（第1世代となる）

576 ☐ a 20-item questionnaire：20項目のアンケート

The researchers developed **a 20-item questionnaire**.
（その研究者たちは、20項目のアンケートを開発した。）

類似表現：a twenty-item questionnaire

関連表現：a 3-page questionnaire（3ページにわたるアンケート）
a 12-line poem（12行の詩）
a 7-story building（7階建ての建物）
a 26-letter alphabet（26文字のアルファベット）
a 20-carat diamond（20カラットのダイアモンド）

a three-column table（3列の表，3段の表）
a one-time event（1回限りの事象）

577 ☐ a five-point rating scale：5段階の評定尺度

A five-point rating scale was used in this experiment.
（5段階の評定尺度が、この実験では使用された。）

発音 rating /réitiŋ/

類似表現：a 5-point rating scale
関連表現：a 3-point rating scale（3段階の評定尺度）
on a 1-5 point rating scale（5段階の評定尺度で）
use a seven-point scale（7段階の尺度を用いる）
using a 10-point scale（10段階の尺度を用いて）

578 ☐ a one-to-one correspondence：1対1の対応関係

There is **a one-to-one correspondence** between them.
（それらの間には1対1の対応関係がある。）

関連表現：a one-to-one relationship（1対1の関係）
a one-to-one relation（1対1の関係）
a one-to-one mapping（1対1の写像）
in a one-to-one fashion（1対1で）
correspond one-to-one（1対1に対応する）

579 ☐ more than 1.5 meters：1.5メートル以上
（1.5メートルを上回る／1.5メートルより大きい）

The width of the roof is **more than 1.5 meters**.
（その屋根の幅は、1.5メートルを超えている。）

関連表現：more than 100 books（100冊超の本）
more than 180 degrees（180度以上）
more than 30 times（30倍以上）
more than 40% of the students（その学生の40%以上）
more than half of the subjects（その被験者の半分以上）
be more than 7（7より大きい）
for more than 10 years（10年以上の間）
for more than two decades（20年以上の間）
require more than 15 years（15年以上を要する）

580 ☐ more than one strategy：複数のストラテジー，

2つ以上のストラテジー

In this case, the participants can use **more than one strategy**.
(この場合、研究協力者は複数のストラテジーを使うことができる。)

関連表現：more than one factor（複数の要因）
　　　　　more than one element（2つ以上の要素）
　　　　　for more than one year（2年以上もの間）
　　　　　include more than one group（複数のグループを含む）
　　　　　more than two authors（3名以上の著者）
　　　　　more than two objects（3つ以上の物体）

581 □ **over 500 books**：500冊を超える本，500冊超の本

By 1980, **over 500 books** were published.
(1980年までに、500冊を超える本が出版された。)

類似表現：more than 500 books
関連表現：over 3000 people（3000人超の人）
　　　　　over 30 specialists（30人を超える専門家）
　　　　　over 5 meters（5メートル超）
　　　　　over 70% of workers（70%を超える労働者）
　　　　　over 60% of women（60%超の女性）
　　　　　50 kilograms or over（50キロ以上）

582 □ **100 meters or more**：100メートル以上

The length of the bridge is **100 meters or more**.
(その橋の長さは、100メートル以上である。)

関連表現：4 volts or more（4ボルト以上）
　　　　　90% or more（90%以上）
　　　　　a couple of meters or more（数メートル以上）
　　　　　two or more elements（2つ以上の要素）
　　　　　two or more numbers（2つ以上の数字）
　　　　　for 90 minutes or more（90分以上の間）
　　　　　for 20 years or more（20年以上の間）
　　　　　cost $1,000 or more（1000ドル以上のお金がかかる）
　　　　　100 kilograms or over（100キロ以上）
　　　　　10 or greater（10以上）
　　　　　one or more of them（それらの1つまたはそれ以上）
　　　　　one or more times（1回またはそれ以上）
　　　　　two or more times（2回以上）
　　　　　six or more times（6回以上）

583 ☐ 50 meters or less：50メートル以下

The height of the building is **50 meters or less**.
(その建物の高さは、50 メートル以下である。)

関連表現：5 mm or less（5 ミリ以下）
　　　　　10 months or less（10 か月以下）
　　　　　4 ppt or less（4 ppt 以下）
　　　　　in 50 minutes or less（50 分以内に、50 分以下で）
　　　　　three days or fewer（3日以下）
　　　　　ten or fewer patients（10 人以下の患者）

584 ☐ fewer than 15%：15%未満

In fact, **fewer than 15%** of graduate students were women.
(実際には、大学院生の 15% 未満が女性であった。)

類似表現：fewer than 15 percent
関連表現：fewer than 300 people（300 人未満）
　　　　　fewer than 200 subjects（200 人未満の被験者）
　　　　　fewer than 10 digits（10 桁未満）
　　　　　fewer than half of all patients（全患者の1/2未満）
　　　　　be fewer than 2000（2000 未満である）

585 ☐ no more than 15 kilometers：わずか15キロ、たったの15キロ

The direct distance is **no more than 15 kilometers**.
(その直線距離は、わずか 15 キロに過ぎない。)

類似表現：only 15 kilometers
関連表現：no more than 10 items（たったの 10 項目）
　　　　　no more than 20 people（わずか 20 人）
　　　　　no more than 10 minutes（たったの 10 分）
　　　　　no more than five years ago（たったの5年前に）
　　　　　be no more than 10 cm（わずか 10 センチに過ぎない）
　　　　　last no more than 7 seconds（わずか7秒しか持たない）
　　　　　by no more than 1%（たったの1% だけ）

586 ☐ as few as two features：わずか2つの特性、たった2つの特性

Johnson (2002) considers **as few as two features**.
(Johnson (2002) は、わずか2つの特性しか検討していない。)

類似表現：as few as 2 features
関連表現：as few as 10 employees（わずか 10 人の従業員）

as few as four sections（たった4つの節）
as few as 40 genes（わずか40個の遺伝子）
as few as 12 people（たった12人の人）

587 □ as little as one page：わずか1ページ、たったの1ページ

The report is **as little as one page** long.
（その報告書は、長さがわずか1ページである。）

類似表現：as little as 1 page
関連表現：as little as 3％（わずか3％）
　　　　　　as little as 0.3 percent（わずか0.3％）
　　　　　　as little as 50 milliseconds（たった50ミリ秒）
　　　　　　as little as 20 minutes of exercise（たった20分の運動）
　　　　　　in as little as five minutes（わずか5分で）

588 □ as low as 0.3 mm：わずか0.3ミリ、たったの0.3ミリ

The thickness of the membrane is **as low as 0.3 mm**.
（その膜の厚みは、わずか0.3ミリである。）

類似表現：as low as 0.3 millimeters
関連表現：as low as 2％（わずか2％）
　　　　　　as low as $20（たったの20ドル）
　　　　　　as low as 5℃（わずか摂氏5度）
　　　　　　be as low as 0.55（わずか0.55である）

589 □ no less than 65 percent：65％も、65％ほども多く

No less than 65 percent of the subjects ignored the existence of Pattern A.
（その被験者の65％もが、パターンAの存在を無視した。）

類似表現：no less than 65％
関連表現：no less than forty items（40もの項目）
　　　　　　no less than 50 dollars（50ドルも）
　　　　　　no less than 30 countries（30か国もの国）
　　　　　　collect no less than 3000 examples（3000例も収集する）
　　　　　　be no less than 10％（10％もある）

590 □ no fewer than four times：4回も

It occurred **no fewer than four times**.
（それは、4回も生じた。）

英語論文数字表現 717

類似表現：no fewer than 4 times
関連表現：no fewer than 25 instances (25例も)
　　　　　no fewer than 30 countries (30か国もの国)
　　　　　no fewer than 100 people (100人も)
　　　　　no fewer than three students (3人もの学生)

591 □ as many as 10 years：10年も

This era lasted **as many as 10 years**.
（この時代が10年も続いた。）

類似表現：as many as ten years
関連表現：as many as 30 countries (30か国もの国)
　　　　　as many as 80 percent of eggs (80%もの卵)
　　　　　as many as 300 tanks (300ものタンク)
　　　　　for as many as ten years (10年もの間)
　　　　　take as long as 300 years (300年もかかる)

592 □ as much as 50,000 yen：5万円も

It costs **as much as 50,000 yen**.
（それには5万円もかかる。）

類似表現：as much as fifty thousand yen
関連表現：as much as 1000 dollars (1000ドルも)
　　　　　as much as 300 kilometers (300キロも)
　　　　　as much as 10 volts (10ボルトも)
　　　　　as much as 3% interest (3%もの利子)
　　　　　as much as 21% of the total population (全人口の21%も)
　　　　　increase by as much as 33% (33%も増加する)

593 □ as high as 50℃：摂氏50度にも

The temperature reached **as high as 50℃**.
（その温度は、摂氏50度にも達した。）

類似表現：as high as 50 degrees Celsius, as high as 50 degrees centigrade
関連表現：as high as 70% (70%も，70%にも)
　　　　　as high as 1000 meters (1000メートルも，1000メートルにも)
　　　　　as high as $3 million (300万ドルも，300万ドルにも)
　　　　　be as high as 16.7% (16.7%にも上っている)

594 □ 50 times the area of ABC：ABCの面積の50倍

591 – 597

This value is equivalent to about **50 times the area of ABC**.
（この値は、ABC の面積の約 50 倍に等しい。）

類似表現：fifty times the area of ABC
関連表現：200 times the volume of water（水の体積の 200 倍）
　　　　　　ten times the mass of an electron（電子の質量の 10 倍）
　　　　　　five times the energy（そのエネルギーの 4 倍）
　　　　　　twice the distance（その距離の 2 倍）
　　　　　　about 2.8 times the density of water（水の密度の約 2.8 倍）

595 ☐ a total of 700 people：全体で700人

A total of 700 people died in the accident.
（その事故で、総勢 700 人が死亡した。）

類似表現：a total of seven hundred people
関連表現：a total of 200 respondents（全部で 200 人の回答者）
　　　　　　a total of $5 million（総額 500 万ドル）
　　　　　　a total of 300 instances（総計 300 例）
　　　　　　a total of at least 15 patients（全体で少なくとも 15 人の患者）
　　　　　　a total of approximately 600 items（全体で約 600 項目）
　　　　　　for a total of 30 minutes（全体で 30 分間）

596 ☐ $2 million in total：全体で200万ドル，総額200万ドル

The presidential candidate donated **$2 million in total**.
（その大統領候補は、総額で 200 万ドルを寄付した。）

類似表現：two million dollars in total
関連表現：27 countries in total（全 27 か国）
　　　　　　100 persons in total（全体で 100 人）
　　　　　　23 articles in total（全部で 23 本の論文）
　　　　　　around 500 pages in total（全体で約 500 ページ）

597 ☐ fifty students in all：全体で50人の学生

Fifty students in all participated in the experiment.
（全体で 50 人の学生が、その実験に参画した。）

類似表現：50 students in all
関連表現：200 people in all（全部で 200 人）
　　　　　　533 respondents in all（全体で 533 人の回答者）
　　　　　　100 subjects in all（全体で 100 人の被験者）
　　　　　　almost 5,000 people in all（全体で約 5,000 人）

598 ☐ **an average of 100 watts of energy**：平均で100ワットのエネルギー

An average of 100 watts of energy must be consumed.
（平均で100ワットのエネルギーが、消費されなければならない。）

発音 average /ǽvəridʒ/
関連表現：an average of 2.7%（平均2.7%）
　　　　　an average of 3 hours（平均して3時間）
　　　　　an average of 2.6 cm（平均で2.6 cm）
　　　　　an average of seven times（平均で7回）
　　　　　an average of 300 people（平均で300人）
　　　　　for an average of 3 months（平均で3か月間）
　　　　　for an average of 6 hours（平均で6時間）

599 ☐ **12.5% on average**：平均して12.5%

Its viscosity dropped by **12.5% on average**.
（その粘性が、平均して12.5%下がった。）

関連表現：another 5 years on average（平均してさらに5年）
　　　　　about 2.5 hours on average（平均で約2.5時間）
　　　　　on average eight hours of sleep（平均して8時間の睡眠）
　　　　　five times a day on average（平均して1日に5回）
　　　　　rise by 3% on average（平均で3%上昇する）

600 ☐ **up to 4000 dollars**：最大で4000ドル

A fine of **up to 4000 dollars** may be imposed.
（最大で4000ドルの罰金が、課されるかもしれない。）

類似表現：up to $4000
関連表現：up to 10 items（最大で10項目）
　　　　　up to 2000 people（最大で2000人）
　　　　　up to 6 months（最大で6か月）
　　　　　up to 200 hours（最大で200時間）
　　　　　up to three or four hours（最大で3時間か4時間）
　　　　　up to 70%（最大で70%）
　　　　　up to two-thirds of them（最大でそれらの2/3）
　　　　　for up to 30 days（最大で30日間）
　　　　　for up to two hours（最大で2時間）

601 ☐ **a maximum of 2 million**：最大で200万人

The population reached **a maximum of 2 million**.
（その人口は、最大で 200 万人に達した。）

発音 maximum /mǽksəməm/

類似表現：a maximum of 2 million people
関連表現：a maximum of 72%（最大で 72%, 最高で 72%）
　　　　　　a maximum of 250 mg（最大で 250 ミリグラム）
　　　　　　a maximum of 8 electrons（最大で 8 つの電子）
　　　　　　a maximum of 500 words（最大で 500 語）
　　　　　　a maximum of 3 million yen（最大で 300 万円）
　　　　　　for a maximum of three years（最大で 3 年間）

602 □ **a minimum of three days**：少なくとも 3 日

It requires **a minimum of three days**.
（それには、少なくとも 3 日は必要である。）

発音 minimum /mínəməm/

類似表現：a minimum of 3 days
関連表現：a minimum of about 3 weeks（少なくとも約 3 週）
　　　　　　a minimum of three days a week（最低でも週に 3 日）
　　　　　　a minimum of $500（最低でも 500 ドル）
　　　　　　a minimum of 12%（最小でも 12%）
　　　　　　for a minimum of two years（少なくとも 2 年間）
　　　　　　for a minimum of three days（少なくとも 3 日間）
　　　　　　for a minimum of 5 months（最低でも 5 か月間）
　　　　　　for a minimum of 2 to 3 months（少なくとも 2-3 か月間）

603 □ **at least three patterns**：少なくとも 3 つのパターン

It has **at least three patterns**.
（それには、少なくとも 3 つのパターンがある。）

類似表現：at least 3 patterns
関連表現：at least 200 words（少なくとも 200 語）
　　　　　　at least 20 years（少なくとも 20 年）
　　　　　　at least five times（少なくとも 5 回）
　　　　　　at least 70 mg per day（少なくとも 1 日あたり 70 ミリグラム）
　　　　　　at least 70% of examples（少なくとも 70% の事例）
　　　　　　for at least 1 hour（少なくとも 1 時間）
　　　　　　be at least 5 m tall（少なくとも 5 メートルの高さがある）
　　　　　　have a history of at least 5000 years（少なくとも 5000 年の歴史がある）

604 ☐ at most 5 meters：せいぜい5メートル，多くても5メートル

The height is **at most 5 meters**.
(その高さは、せいぜい5メートルである。)

類似表現：at most five meters
関連表現：at most 7% of men（男性のせいぜい7%）
　　　　　at most 1.5 times（多くても1.5倍）
　　　　　at most 500 characters（多くても500文字）
　　　　　be at most 8 cm（せいぜい8センチである）

605 ☐ an estimated 100 deaths：推定で100人の死者

This conflict led to **an estimated 100 deaths**.
(この衝突は、推定100人の死者につながった。)

発音　estimated /éstəmèitid/
関連表現：an estimated $5,000（推定5,000ドル）
　　　　　an estimated 50,000 people（推定5万人）
　　　　　an estimated 60%（推定で60%）
　　　　　an estimated 20 m^3（推定で20立方メートル）
　　　　　an estimated 20% of cells（推定で20%の細胞）

606 ☐ 3 drops of water：3滴の水

Then, **3 drops of water** were added.
(次に、3滴の水が加えられた。)

類似表現：three drops of water
関連表現：a drop of water（1滴の水）
　　　　　a drop of blood（1滴の血液）
　　　　　one drop of oil（1滴の油）
　　　　　a few drops of acid（数滴の酸）

607 ☐ a distance of 20 km：20キロの距離

The subject walked **a distance of 20 km**.
(その被験者は、20キロの距離を歩いた。)

発音　distance /dístəns/
類似表現：a distance of 20 kilometers
関連表現：a distance of 200 km（200キロの距離）
　　　　　a distance of 80 meters（80メートルの距離）
　　　　　a total distance of 50 km（全体で50キロの距離）

a maximum distance of 15 km（最大で 15 キロの距離）
a distance of five hours（5 時間の距離）
swim a distance of 10 meters（10 メートルの距離を泳ぐ）
at a distance of 2.5 m away from the center（中心から 2.5 m の距離に）

608 ☐ a reward of $900：900 ドルの報酬

In the latter case, **a reward of $900** is offered.
（後者の場合には、900 ドルの報酬が提供される。）

類似表現：a reward of 900 dollars
関連表現：a profit of 5 million yen（500 万円の利益）
　　　　　　a surplus of $9000（9000 ドルの黒字）
　　　　　　a deficit of one million yen（100 万円の損失，100 万円の赤字）
　　　　　　a debt of $2 billion（20 億ドルの負債）
　　　　　　a loss of 5,000 dollars（5,000 ドルの損失）
　　　　　　a cost of 50 cents（50 セントの費用）
　　　　　　a fine of 2,000 dollars（2,000 ドルの罰金）
　　　　　　a payment of $2 million（200 万ドルの支払金）
　　　　　　a donation of fifty thousand yen（5 万円の寄付金）
　　　　　　an average income of $80,000（8 万ドルの平均所得）
　　　　　　a $50 fee（50 ドルの手数料）

609 ☐ a salary of $7,000：7,000 ドルの給与

As a result, **a salary of $7,000** was paid.
（その結果、7,000 ドルの給与が支払われた。）

発音　salary /sǽləri/

類似表現：a salary of seven thousand dollars
関連表現：a salary of 200,000 yen（20 万円の給料）
　　　　　　a monthly salary of 200,000 yen（20 万円の月給）
　　　　　　an annual salary of $800,000（80 万ドルの年俸）
　　　　　　pay a salary of $4,000（4000 ドルの給与を支払う）

610 ☐ a monthly income of $4,000：4,000 ドルの月収

The remaining 14.2% had **a monthly income of** more than **$4,000**.
（残りの 14.2% は、4,000 ドル以上の月収を持っていた。）

発音　income /ínkʌm/

類似表現：a monthly income of four thousand dollars
関連表現：an average monthly income of $3000（3000 ドルの平均月収）

英語論文数字表現 **717**

an annual income of three million yen（300万円の年収）
an income of $500（500ドルの所得）
have a monthly income of $2000（2000ドルの月収がある）
have an annual income of 5 million yen（500万円の年収がある）

611 □ **a fine not exceeding 5,000 yen**：5,000円以下の罰金

Offenders are liable to **a fine not exceeding 5,000 yen**.
（違反者は、5,000円以下の罰金に処せられる。）

発音 exceeding /iksíːdiŋ/
関連表現：a term not exceeding ten years（10年以内の期間）
　　　　　　a loan not exceeding $9,000（9,000ドル以下のローン）
　　　　　　a value not exceeding 10（10以下の値）
　　　　　　a summary not exceeding 500 words（500語以内の要約）
　　　　　　(not exceeding 1,000 yen)（(1,000円以内)）
　　　　　　(not exceeding 18%)（(18%以内)）
　　　　　　(not exceeding 3 pages)（(3ページ以内)）

612 □ **a high of 100.33 yen**：100円33銭の高値

As a result, the USD/JPY exchange rate recovered to **a high of 100.33 yen**.
（その結果、米ドル/円の為替レートは100円33銭の高値まで回復した。）

関連表現：a high of $50.22（50.22ドルの高値）
　　　　　　a low of 80.85 yen（80円85銭の安値）
　　　　　　a low of 102.25 yen to the dollar（1ドル102円25銭の安値）
　　　　　　at the exchange rate of 99.82 yen to the US dollar
　　　　　　　（1米ドル99.82円の為替レートで）
　　　　　　reach a high of 142.80 yen（142円80銭の高値に到達する）

613 □ **a value of 3.12**：3.12という値

As a result, **a value of 3.12** is obtained.
（その結果、3.12という値が得られる。）

関連表現：a value of 300（300という値）
　　　　　　a value of 20 V（20ボルトという値）
　　　　　　a value of either 0 or 1（0か1の値）
　　　　　　the value of n（nの値）
　　　　　　designate a value of zero（0という値を示す）
　　　　　　use a value of 3.16（3.16という値を用いる）
　　　　　　have a value of 20.8（20.8という値をとる）

614 □ a score of 90 or above：90（点）以上のスコア

A score of 90 or above is required.
（90 以上のスコアが必要とされる。）

関連表現：a score of 70（70 のスコア）
　　　　　a score of 50 or below（50 以下のスコア）
　　　　　a score of 70 or higher（70 以上のスコア）
　　　　　an average score of 80 or above（80 以上の平均スコア）

615 □ a tenfold increase：10倍の増加

This shows **a tenfold increase**.
（これは、10 倍の増加を示している。）

発音 -fold /fóuld/

類似表現：a 10-fold increase
関連表現：a threefold increase（3 倍の増加）
　　　　　a 4 fold decrease（4 倍の減少）
　　　　　a 2-3 fold increase（2-3 倍の増加）
　　　　　a nearly tenfold increase（ほぼ 10 倍の増加）
　　　　　a twofold increase in population（2 倍の人口増加）

616 □ a 3% solution：3％の溶液

Then, **a 3% solution** of sodium hydroxide was added.
（次に、3％の水酸化ナトリウム溶液が加えられた。）

類似表現：a 3 percent solution
関連表現：a 25 percent solution（25％の溶液）
　　　　　a 2.2% solution（2.2％の溶液）
　　　　　a 5% solution of boric acid（5％のホウ酸水）
　　　　　a 20% sodium chloride solution（20％の塩化ナトリウム溶液）
　　　　　a 5 percent salt solution（5％の食塩水）
　　　　　the 1:10 solution（その1:10 の溶液）
　　　　　a solution of pH 7（pH 7の溶液）

617 □ an 800-power microscope：800倍の顕微鏡

It was examined under **an 800-power microscope**.
（それは、800 倍の顕微鏡で調べられた。）

類似表現：an 800x microscope（x = times）
関連表現：a pair of 800-power binoculars（800 倍の双眼鏡）
　　　　　a 500-power telescope（500 倍の望遠鏡）

英語論文数字表現 **717**

a 15x telescope (15倍の望遠鏡)
a 40-power lens, a 40x lens (40倍のレンズ)
an 8-power eyepiece, an 8x eyepiece (8倍の接眼レンズ)
a 20-power objective, a 20x objective (20倍の対物レンズ)

618 ☐ a margin of error of ±3％ : ±3％の誤差

The survey may have **a margin of error of ±3％**.
(その調査には、±3％の誤差があるかもしれない。)

発音 margin /máːrdʒin/
類似表現：an error margin of ±3％
関連表現：a margin of error of three percent (3％の誤差)
a margin of error of 5 grams (5グラムの誤差)
an error margin of plus or minus 5% (±5％の誤差)
a 5% margin of error (5％の誤差)
have a margin of error of 5% (5％の誤差がある)
have a ±5% margin of error (±5％の誤差がある)

619 ☐ three significant figures : 有効数字3桁

For example, 1.28 has **three significant figures**.
(例えば、1.28は有効数字3桁である。)

発音 significant figure /signífikənt fígjər/
類似表現：3 significant figures, three significant digits, 3 significant digits
関連表現：two significant figures (有効数字2桁)
1 or 2 significant figures (有効数字1桁か2桁)
have one significant figure (有効数字1桁である)
have four significant digits (有効数字4桁である)
round the number to three significant figures
(その数を有効数字3桁に四捨五入する)

620 ☐ three of the participants : その研究協力者のうちの3人

Three of the participants were interviewed in Spanish.
(その研究協力者のうち3人は、スペイン語でインタビューされた。)

関連表現：three of the four examples (その4例のうちの3つ)
three of these books (これらの本のうちの3冊)
two of them (それらのうちの2つ, 彼らのうちの2人)
three of them (それらのうちの3つ, 彼らのうちの3人)
two of the graphs (そのグラフのうちの2つ)

two of the subjects（その被験者のうちの２人）
four of the scientists（その科学者のうちの４人）
five of the items（その項目のうちの５つ）
seven of the 12 cases（その 12 件のうちの７件）
all but 1 of the 50 subjects（その被験者 50 人のうち１人を除いてすべて）
all but 6 patients（６名を除く全患者）
all but two（２つを除くすべて）

621 ☐ three out of five students：学生の５人に３人，
　　　　　　　　　　　　　　　　　　　　　　　　　　　　５人の学生のうちの３人

Three out of five students are right-handed.
（学生の５人に３人が、右利きである。）

類似表現：3 out of 5 students
関連表現：10 out of 100（100 のうちの 10）
　　　　　one out of three（３人のうちの１人，３人に１人）
　　　　　one out of three students（３人に１人の学生）
　　　　　only 3 out of 100 people（100 人のうちの３人だけ）
　　　　　more than 10 out of 50 questions（50 問のうちの 10 問以上）
　　　　　at least 45 times out of 50（50 回のうちの少なくとも 45 回）
　　　　　four out of every five researchers（研究者の５人に４人）
　　　　　read 5 out of 20 books（20 冊のうちの５冊を読む）

622 ☐ 150 subjects：150 人の被験者

A total of **150 subjects** were randomized.
（全体で 150 人の被験者が、無作為に抽出された。）

発音　subject /sʌ́bdʒikt/

類似表現：150 participants
関連表現：over 300 subjects（300 人を超える被験者）
　　　　　50 subjects in all（全体で 50 人の被験者）
　　　　　72% of the subjects（その被験者の 72%）
　　　　　approximately half of the subjects（その被験者の約半分）

623 ☐ 250 participants：250 人の研究協力者（実験協力者）

In this study, **250 participants** answered the questionnaires.
（本研究では、250 人の研究協力者がそのアンケートに回答した。）

発音　participant /pɑːrtísəpənt/

類似表現：250 research participants, 250 subjects

英語論文数字表現 **717**

関連表現：about 2000 participants（約2000人の研究協力者）
one third of the participants（その研究協力者の1/3）
one of the participants（その研究協力者のうちの1人）
a maximum of four participants（最大で4人の研究協力者）

624 □ **20 respondents**：20人の回答者

The remaining **20 respondents** were left-handed.
（残りの20人の回答者は、左利きであった。）

発音 respondent /rispɔ́ndənt/
類似表現：twenty respondents
関連表現：25% of all respondents（全回答者の25%）
approximately one quarter of the respondents（その回答者の約1/4）
a total of 500 respondents（全体で500人の回答者）

625 □ **one million shares**：100万株

The company purchased **one million shares**.
（その会社は、100万株を購入した。）

発音 share /ʃéər/
関連表現：two thousand shares（2,000株）
10,000 shares（10,000株）
more than 2 million shares（200万株以上）
sell 7,000 shares（7,000株を売却する）

626 □ **500 households**：500世帯

For this purpose, **500 households** were surveyed.
（この目的で、500世帯が調査された。）

発音 household /háushòuld/
類似表現：five hundred households
関連表現：7 million households（700万世帯）
about 300 households（約300世帯）
the four households（その4世帯）
these 10 households（この10世帯）

627 □ **30,000 votes**：30,000票

It may be slightly difficult to obtain **30,000 votes**.
（30,000票を得るのは、少し難しいかもしれない。）

発音 vote /vóut/
類似表現：thirty thousand votes
関連表現：eight thousand votes（8,000 票）
about 20,000 votes（約 20,000 票）
only 5 votes（わずか5票）
at least 500 votes（少なくとも 500 票）
by a vote of 52 to 3（52 対3の票決で）

628 ☐ 77 seats：77議席

In 2007, the political party gained **77 seats**.
（2007 年には、その政党は 77 議席を獲得した。）

類似表現：seventy-seven seats
関連表現：18 seats（18 議席）
three seats（3議席）
more than 100 seats（100 議席以上）
a minimum of 10 seats（最低でも 10 議席）

629 ☐ the 2004 presidential election：2004年の大統領選挙

This influenced **the 2004 presidential election**.
（このことが、2004 年の大統領選挙に影響を与えた。）

関連表現：the 1919 Peace Conference（1919 年の平和会議）
the 1948 Universal Declaration of Human Rights
　　（1948 年の世界人権宣言）
the 1998 World Cup（1998 年のワールドカップ）
the 2007 tsunami（2007 年の津波）
the 1997-1998 financial crisis（1997-1998 年の財政危機）

630 ☐ the 35th president：第35代大統領

John F. Kennedy is **the 35th president** of the United States of America.
（ジョン・F・ケネディは、第 35 代アメリカ合衆国大統領である。）

類似表現：the 35th President, the thirty-fifth president, the thirty-fifth President
関連表現：the 50th president（第 50 代大統領）
the 20th President（第 20 代大統領）
the first president（初代大統領）
the seventh president（第 7 代大統領）
the twelfth president（第 12 代大統領）

631 the war of 1904-5 ：1904-1905年の戦争

Johnson (2008) refers to **the war of 1904-5**.
（Johnson (2008) は、1904-1905 年の戦争について言及している。）

関連表現：the tsunami of 2005（2005 年の津波）
the earthquake of 1972（1972 年の地震）
the constitution of 1917（1917 年の憲法）
the Forest Protection Law of 1935（1935 年の森林保護法）
the financial crisis of 1997-98（1997-1998 年の財政危機）
the elections of 1996 and 1998（1996 年と 1998 年の選挙）

632 the conflict in 1999 ：1999年の紛争

It caused **the conflict in 1999**.
（それが、1999 年の紛争を引き起こした。）

関連表現：a war in 1918（1918 年の戦争）
the economic crisis in 2002（2002 年の経済危機）
the anti-war movement in 2002-2004（2002-2004 年の反戦運動）

633 World War Ⅱ：第二次世界大戦

World War Ⅱ ended in 1945.
（第二次世界大戦は、1945 年に終わった。）

類似表現：the Second World War
関連表現：World War I（第一次世界大戦）
since World War Ⅱ（第二次世界大戦以降）
after World War Ⅱ（第二次世界大戦後）
during the First World War（第一次世界大戦の間は）
since the Second World War（第二次世界大戦以降）
because of the Second World War（第二次世界大戦のために）
since WW Ⅱ（第二次世界大戦以降）
the First Gulf War（第一次湾岸戦争）

634 the tertiary industry：第三次産業

The tertiary industry can be classified into two categories.
（第三次産業は、2 つのカテゴリーに分類することができる。）

発音　primary /práimeri/　secondary /sékəndèri/　tertiary /tə́ːrʃièri/
quaternary /kwɔ́tərnèri/　quinary /kwáinəri/

関連表現：primary industries（第一次産業）
the secondary industry（第二次産業）

the Tertiary Period（第三紀）
the Quaternary Period（第四紀）
the quinary system（5進法）

635 □ the fourth dynasty：第4王朝

The fourth dynasty ruled from 202 to 225.
（第4王朝が、202年から225年まで統治した。）

発音 dynasty /dáinəsti/

類似表現：the Fourth Dynasty
関連表現：the second dynasty（第2王朝）
the first and second dynasties（第1王朝と第2王朝）
during the third dynasty（第3王朝期には）

636 □ Henry the Eighth：ヘンリー8世

However, there is little mention of **Henry the Eighth**.
（しかしながら、ヘンリー8世についてはほとんど言及がない。）

類似表現：Henry Ⅷ
関連表現：Henry the Fifth（ヘンリー5世）
George the Third（ジョージ3世）
Henry Ⅲ（ヘンリー3世）
Elizabeth Ⅱ（エリザベス2世）

637 □ Noam Chomsky (1928-)：ノーム・チョムスキー (1928-)

Noam Chomsky (1928-) is an American linguist.
（ノーム・チョムスキー (1928-) は、アメリカの言語学者である。）

関連表現：Sigmund Freud (1856-1939)（ジグムント・フロイト (1856-1939)）
Ivan Pavlov (1849-1936)（イワン・パブロフ (1849-1936)）
Richard Wagner (1813-1883)（リヒャルト・ワーグナー (1813-1883)）

638 □ the second millennium：二千年紀，2千年紀

The second millennium started on January 1, 1001.
（二千年紀は、1001年1月1日に始まった。）

発音 【単数】millennium /miléniəm/ 【複数】millennia /miléniə/

類似表現：the 2nd millennium
関連表現：the first millennium（一千年紀）
the 3rd millennium（3千年紀）

英語論文数字表現 **717**

the 2nd and 1st millennia BC（紀元前2千年紀と紀元前1千年紀）
in the 1st millennium（1千年紀に）
in the new millennium（新千年紀に，新千年紀には）
occur in the 1st millennium AD（西暦1千年紀に起こる）

639 □ Typhoon No.7：台風7号

Typhoon No.7 has a central atmospheric pressure of 800 hPa.
（台風7号は、800ヘクトパスカルの中心気圧を備えている。）

発音 typhoon /taifúːn/
関連表現：Typhoon No.10（台風10号）
　　　　　Typhoons No.11 and No.12（台風11号と台風12号）

640 □ an earthquake of magnitude 7：マグニチュード7の地震

An earthquake of magnitude 7 occurred.
（マグニチュード7の地震が発生した。）

発音 magnitude /mǽgnətjùːd/
類似表現：a magnitude 7 earthquake
関連表現：an earthquake of magnitude 6.7（マグニチュード6.7の地震）
　　　　　a magnitude 6 earthquake（マグニチュード6の地震）
　　　　　have a magnitude of 6.6（マグニチュード6.6である）
　　　　　the October 10th earthquake（10月10日の地震）

641 □ Act 3：第3幕

Act 3 is about 38 minutes long.
（第3幕は、約38分の長さである。）

類似表現：Act Three, Act III
関連表現：in Act II（第2幕では，第2幕で）
　　　　　at the end of Act One（第1幕の終わりで）
　　　　　a summary of Act 3（第3幕の概要）

642 □ Scene IV：第4場

They first appear in Act II, **Scene IV**.
（彼らは、第2幕第4場で初めて登場する。）

類似表現：Scene 4, Scene Four
関連表現：Act I, Scene II（第1幕第2場）
　　　　　in Scene II（第2場では，第2場で）

at the beginning of Scene 3（第3場の冒頭で）
from Scene 3 to Scene 5（第3場から第5場まで）

643 □ Elgar's First Symphony：エルガーの交響曲第1番

First, consider **Elgar's First Symphony**.
（まず、エルガーの交響曲第1番について考えてみよう。）

類似表現：Elgar's Symphony No.1
関連表現：Beethoven's Ninth Symphony（ベートーベンの交響曲第9番）
Mozart's Symphony No. 40（モーツァルトの交響曲第40番）
the Second Symphony（交響曲第2番）
the Symphony No.11（交響曲第11番）
Mendelssohn's Piano Concerto No.1
　（メンデルスゾーンのピアノ協奏曲第1番）
Prokofiev's Second Violin Concerto
　（プロコフィエフのバイオリン協奏曲第2番）

副詞表現

644 □ between the two countries：その2か国間で

The first treaty was signed **between the two countries**.
（最初の条約は、その2か国間で調印された。）

類似表現：between the 2 countries
関連表現：between two parties（二者間で）
between these two approaches（この2つのアプローチの間に）
between these two levels（この2つのレベルの間に）
between the two groups（その2つのグループ間で）
the differences between the two（その2つの間の相違）
choose a random number between 1 and 9
　（1から9の間で任意の数字を1つ選ぶ）

645 □ among the three concepts：その3つの概念の間には

There are significant differences **among the three concepts**.
（その3つの概念の間には、かなり大きな違いがある。）

類似表現：among the 3 concepts
関連表現：among these three groups（この3つのグループ間で）
among all 20 subjects（全20人の被験者の間で）

among the 25 respondents（その 25 人の回答者の中で）
among the top three-tenths（上位 3/10 の中で）
among the top 10 universities（上位 10 大学の中で）
be highest among the four universities（その 4 大学の中で最も高い）

646 □ of the 500 people：その500人のうち

Of the 500 people, 400 were men.
（その 500 人のうち、400 人が男性であった。）

関連表現：of the remaining 18%（残りの 18% のうち）
　　　　　of the 2022 participants（その 2022 人の研究協力者のうち）
　　　　　of the three requirements（その 3 つの要件のうち）
　　　　　of the fifty-two items（その 52 項目のうち）

647 □ for the following two reasons：以下の 2 つの理由で

This is of particular interest **for the following two reasons**:
（この点は、以下の 2 つの理由で特に興味深い。）

類似表現：for the following 2 reasons
関連表現：for three reasons（3 つの理由で）
　　　　　for at least two reasons（少なくとも 2 つの理由で）
　　　　　for the following three reasons（以下の 3 つの理由で）

648 □ for three billion yen：30 億円で

The picture was sold off **for three billion yen**.
（その絵画は、30 億円で売却された。）

類似表現：for 3 billion yen
関連表現：for fifty dollars（50 ドルで）
　　　　　for $20（20 ドルで）
　　　　　for 25 cents（25 セントで）
　　　　　for about $2,000（約 2,000 ドルで）
　　　　　for more than six million yen（600 万円以上で）

649 □ at a cost of $5 million：500 万ドルの費用で

The museum was built **at a cost of $5 million**.
（その博物館は、500 万ドルの費用をかけて建設された。）

類似表現：at a cost of 5 million dollars
関連表現：at a cost of 50 cents（50 セントの費用で）
　　　　　at a cost of about 5,000 yen（約 5,000 円の費用で）

at a cost of more than $3 million（300万ドル以上の費用で）

650 ☐ at 200 yen apiece：単価200円で

These apples were sold **at 200 yen apiece**.
（これらのリンゴは、単価200円で売られた。）

発音 apiece /əpíːs/
類似表現：at 200 yen each
関連表現：at $50 apiece（単価50ドルで）
　　　　　at 20,000 yen apiece（単価2万円で）
　　　　　at 120 dollars each（単価120ドルで）

651 ☐ per 100 grams：100グラムにつき

The price is 250 dollars **per 100 grams**.
（その値段は、100グラムにつき250ドルである。）

関連表現：per 10 ares（10アールにつき）
　　　　　per 10 kilometers（10キロメートルにつき）
　　　　　per 100 mL（100ミリリットルにつき）
　　　　　per 1000 kcal（1000キロカロリーにつき）
　　　　　per square kilometer（1平方キロメートルあたり）
　　　　　per cubic meter（1立方メートルあたり）
　　　　　per liter（1リットルあたり）
　　　　　per minute（1分間に）
　　　　　per second（1秒間に）
　　　　　per month（1月あたり）
　　　　　per week（1週間につき）
　　　　　per year（1年につき）
　　　　　per person（1人につき）
　　　　　300 letters per minute（1分間に300字）
　　　　　about $3,000 per year（年間約3,000ドル）
　　　　　at $13 per hour（時給13ドルで）
　　　　　read 20 articles per day（1日に20本の論文を読む）

652 ☐ every 10 seconds：10秒ごとに，9秒おきに

The stimuli were presented **every 10 seconds**.
（その刺激は、10秒ごとに与えられた。）

類似表現：every ten seconds
関連表現：every 0.05 seconds（0.05秒ごとに）

every four years（4年ごとに）
every 2-3 days（2-3日ごとに）
every 6 to 12 months（6-12か月ごとに）
every few days（2-3日ごとに，数日ごとに）
every 2 weeks（2週間ごとに）
every 5 minutes（5分ごとに）
every 12 hours（12時間ごとに）
approximately every 20 minutes（約20分ごとに）
every half hour（30分ごとに）
every other day（1日おきに）
every other hour（1時間おきに）
every other month（1月おきに）

653 □ every 3 centimeters：3センチ間隔で，3センチごとに

The seeds were planted **every 3 centimeters**.
（その種子は、3センチ間隔でまかれた。）

類似表現：every three centimeters
関連表現：every 3 meters（3メートル間隔で，3メートルごとに）
every 10 kilometers（10キロ間隔で，10キロごとに）
every 5 nm（5ナノメートルごとに）
every two millimeters（2ミリごとに）

654 □ every fourth month：4か月ごとに，3か月おきに

This may be repeated **every fourth month**.
（これは、4か月ごとに繰り返されるかもしれない。）

関連表現：every fourth year（4年ごとに，3年おきに）
every fifth week（5週ごとに，4週おきに）
every third day（3日ごとに，2日おきに）
every 10th line（10行ごとに，9行おきに）

655 □ at intervals of 10 seconds：10秒間隔で

The utterance was repeated **at intervals of 10 seconds**.
（その発話は、10秒間隔で繰り返された。）

発音 interval /íntərvəl/
類似表現：at intervals of ten seconds
関連表現：at intervals of 3 km（3キロ間隔で）
at intervals of 10 days（10日間隔で）

at intervals of 3℃（摂氏3度間隔で）
at intervals of 20-30 minutes（20-30分間隔で）
at intervals of about 2 cm（約2センチ間隔で）
at 25 m intervals（25メートル間隔で）
at 5-minute intervals（5分間隔で）
at 6-month intervals（6か月間隔で）

656 ☐ on the second day：2日目に

Questionnaires were distributed **on the second day**.
（アンケートは、2日目に配布された。）

類似表現：on the 2nd day
関連表現：on the first day（1日目に，初日に）
　　　　　　on the seventh day（7日目に）
　　　　　　on the second and third days（2日目と3日目に）
　　　　　　on the second or third day（2日目か3日目に）
　　　　　　on the morning of the fifth day（5日目の朝に）
　　　　　　by the 6th day（6日目までに）
　　　　　　from the seventh day（7日目から）
　　　　　　on day 15（15日目に）
　　　　　　the cells on day 7（7日目の細胞）
　　　　　　by day 14（14日目までに）

657 ☐ in the 7th week：7週目に

This survey was conducted **in the 7th week**.
（この調査は、7週目に行われた。）

類似表現：in the seventh week
関連表現：in the fourth week（4週目に）
　　　　　　in the second week（2週目に）
　　　　　　in the 5th and 7th weeks（5週目と7週目に）
　　　　　　during the second week（2週目に）
　　　　　　from the 37th week（37週目から）
　　　　　　between the third and fifth weeks（3-5週目に）

658 ☐ for the first time in 10 years：10年ぶりに

Japan was ranked first **for the first time in 10 years**.
（日本が、10年ぶりに第1位となった。）

類似表現：for the first time in ten years
関連表現：for the first time in three months（3か月ぶりに）

for the first time in a decade（10年ぶりに）
for the first time in almost two weeks（ほぼ2週間ぶりに）
for the first time in six days（6日ぶりに）
it is the first time in 10 years that S+V（ーするのは、10年ぶりである）
the first time（1回目）
the second time（2回目）
for the first time（はじめて，1回目で）
for the third time（3度目で，3回目で）

659 □ **as of April 5**：4月5日の時点で，4月5日現在で

As of April 5, the unemployment rate was 5.6%.
（4月5日の時点で、失業率は5.6%であった。）

関連表現：as of January 13（1月13日の時点で，1月13日現在で）
as of April 2008（2008年4月現在で）
as of March 3, 2009（2009年3月3日の時点で）
as of 2000（2000年現在で）
as of the 1960s（1960年代の時点で）
as of the twenty-first century（21世紀の時点で）

660 □ **compared to 2012**：2012年比で，2012年と比べて

The crime rate dropped by 8% **compared to 2012**.
（犯罪率が、2012年比で8%減少した。）

発音　compared /kəmpéərd/　opposed /əpóuzd/
類似表現：compared with 2012, as opposed to 2012
関連表現：compared to 1990（1990年比で）
compared with 2005（2005年と比べて）
compared to 23% in Japan（日本の23%と比べて）
compared with 10% in 2005（2005年の10%と比べて）
when compared with early-19th-century Japan
　（19世紀初頭の日本と比べて）
as opposed to 28% in 2010（2010年の28%と比べて）

661 □ **prior to 1650**：1650年以前には，1650年以前に

Prior to 1650, this concept had various interpretations.
（1650年以前には、この概念は様々な解釈を持っていた。）

発音　prior /práiər/
関連表現：prior to 1990（1990年以前に，1990年より前に）

prior to May 2008（2008年5月以前には）
prior to the 1990s（1990年代以前には）
prior to the 2008 election（2008年の選挙以前には）
prior to the age of 18（18歳以前に）

662 □ in the 2004 survey：2004年の調査で

It was first observed **in the 2004 survey**.
（それは、2004年の調査ではじめて観察された。）

関連表現：in the 1992 Olympic Games（1992年のオリンピックで）
in the 1996 election（1996年の選挙で）
in the 1998 World Cup（1998年のワールドカップで）
during the 1998 economic crisis（1998年の経済危機の間）
according to the 2010 report（2010年の報告書によれば）
in a 2008 paper（2008年の論文で）
in a 2010 study（2010年の研究で）

663 □ in Article 5：第5条で，第5条では

This procedure is stipulated **in Article 5**.
（この手続きについては、第5条で規定されている。）

発音　Article /ɑ́ːrtikl/
類似表現：in Article Five
関連表現：according to Article 14（第14条によれば）
in Article One（第1条では）
Articles 3 to 5（第3条から第5条）
Article 8 of the Civil Code（民法の第8条）
Article 3, Section 2 of the Constitution（憲法の第3条第2項）
see Article 9（第9条を参照されたい）

664 □ on a scale of one to five：5段階で，1-5の段階で

It was rated **on a scale of one to five**.
（それは5段階で評価された。）

類似表現：on a scale of 1 to 5
関連表現：on a scale of one to seven（7段階で，1-7の段階で）
on a one-to-five scale（5段階で）
on a scale of 0-5（0-5の評点で）
on a scale from 1 to 9（9段階で，1-9の段階で）

665 ☐ by 3-fold：3倍に

The number of cells increased **by 3-fold**.
(細胞の数が3倍に増えた。)

発音 -fold /fòuld/

類似表現：3-fold, by threefold, threefold
関連表現：by 7-fold（7倍に）
　　　　　　by more than 10-fold（10倍以上に）
　　　　　　by almost 5-fold（ほぼ5倍に）
　　　　　　by approximately 2.8-fold（約2.8倍に）
　　　　　　approximately fourfold（約4倍に）
　　　　　　nearly fivefold（ほぼ5倍に）
　　　　　　almost twofold（ほぼ2倍に）
　　　　　　multiply it sixfold（それを6倍に増やす）
　　　　　　be diluted fivefold（5倍に希釈される）

666 ☐ by a factor of 3.6：3.6倍に

As a result, the population grew **by a factor of 3.6.**
(その結果、人口が3.6倍に増えた。)

発音 factor /fǽktər/

関連表現：by a factor of 40（40倍に）
　　　　　　by a factor of four to five（4-5倍に）
　　　　　　by a factor of 5 to 10（5-10倍に）
　　　　　　by a factor of 9 or more（9倍以上に）
　　　　　　increase by a factor of 7（7倍に増える）
　　　　　　expand it by a factor of 4（それを4倍に拡大する）

667 ☐ within a 20-kilometer radius：半径20キロ圏内で

This survey was conducted **within a 20-kilometer radius** of the farm.
(この調査は、その農場の半径20キロ圏内で行われた。)

発音 radius /réidiəs/

類似表現：in a 20-kilometer radius
関連表現：within a 10-kilometer radius（半径10キロ圏内に）
　　　　　　within a 300-meter radius（半径300メートル圏内で）
　　　　　　within a radius of 200 m（半径200メートル圏内に）
　　　　　　within a 15-kilometer radius of the volcano
　　　　　　　(その火山の半径15キロ圏内に)
　　　　　　animals within a 3-mile radius（半径3マイル圏内の動物）

residents within a 10-kilometer radius of the crater
（火口から半径 10 キロ圏内の住民）
a 5-kilometer radius（5 キロの半径）

668 □ within the range of 1-3%：1-3％の範囲内に，1-3％の範囲内で

It needs to be kept **within the range of 1-3%**.
（それは、1-3％の範囲内に維持される必要がある。）

発音 range /réindʒ/
関連表現：within the range of 120-150 rpm（毎分 120-150 回転の範囲内に）
within the range of 50 to 90（50-90 の範囲内に）
within a range of ±5.0（±5.0 の範囲内で）
in the range of 30℃ to 40℃（摂氏 30-40 度の範囲内で）
pH values in the range of 4.5-5.5（4.5-5.5 の範囲内の pH 値）

669 □ 3-5 centimeters deep：3-5 センチの深さに

The seeds were sown **3-5 centimeters deep**.
（その種は、3-5 センチの深さに播かれた。）

類似表現：3-5 cm deep
関連表現：1.5 cm deep（1.5 センチの深さに）
about 10 cm deep（約 10 センチの深さに）
plant it 5 cm deep（5 センチの深さにそれを植える）
every 5 meters deep（深さ 5 メートルごとに）
at 10 meters deep（深さ 10 メートルで）
at a depth of 2.5 cm（2.5 センチの深さに）
at a depth of 9,000 m（水深 9,000 メートルの所に）
at a depth of 5 m away from the center（中心から 5m の深さに）

670 □ 5 centimeters apart：5 センチ離して，5 センチ間隔で

It was planted **5 centimeters apart**.
（それは、5 センチ離して植えられた。）

発音 apart /əpάːrt/
類似表現：5 cm apart
関連表現：about 3 cm apart（約 3 センチ離して）
3 cm apart from each other（お互いから 3 センチ離して、3 センチ間隔で）
more than 2 meters apart from the center（中心から 2 メートル以上離して）
10 minutes apart（10 分間隔で）

英語論文数字表現 **717**

be 2 meters apart（2メートル離れている）
be about five months apart（約5か月離れている）

671 □ 50 meters away from the center：
中心から50メートルのところに，中心から50メートル離して

They were placed **50 meters away from the center**.
（それらは、中心から50メートルのところに配置された。）

類似表現：50 m away from the center
関連表現：8 meters away from the center（中心から8メートルのところに）
　　　　　　about 5 m away from the center（中心から約5メートル離して）
　　　　　　30 cm away from the location（その位置から30センチのところに）
　　　　　　about 7 mm away from the former（前者から約7ミリ離して）
　　　　　　about 10 km away from the area（その地域から約10キロのところに）
　　　　　　3 kilometers away from the earth's surface（地表から3キロのところに）

672 □ 25 meters above ground：地上25メートルの所に，
地上25メートルの所で

It was suspended **25 meters above ground**.
（それは、地上25メートルの所に吊り下げられた。）

類似表現：at 25 meters above ground
関連表現：about 5 feet above ground（地上約5フィートの所で）
　　　　　　10 to 20 meters above ground（地上10-20メートルの所に）
　　　　　　more than 100 meters above ground（地上から100メートル以上の所に）
　　　　　　from 150 meters above ground（地上150メートルから）
　　　　　　be measured at 2.5 meters above ground
　　　　　　（地上2.5メートルの所で計測される）

673 □ 10 meters underground：地下10メートルに，地下10メートルで

It was buried **10 meters underground**.
（それは、地下10メートルに埋められた。）

発音 underground /ʌ̀ndərgráund/

類似表現：10 meters below ground
関連表現：nearly 25 meters underground（地下約25メートルで）
　　　　　　two kilometers underground（地下2キロメートルに）
　　　　　　10 feet underground（地下10フィートの所に）
　　　　　　the one buried 30-50 meters underground
　　　　　　（地下30-50メートルに埋められたもの）

be discovered around 5 meters underground
（地下約5メートルで発見される）
more than 4 meters below ground（地下4メートル以上の所で）

674 □ 200 meters underwater：水面下200メートルの所で, 水面下200メートルの所に

They were discovered **200 meters underwater**.
（それらは、水面下200メートルの所で発見された。）

発音 underwater /ʌ̀ndərwɔ́ːtər/
類似表現：200 m underwater
関連表現：8000 meters underwater（水面下8000メートルで）
nearly 100 feet underwater（水面下約100フィートの所で）
about 30 meters underwater（水面下約30メートルの所に）
up to 15 meters underwater（水面下15メートルの所まで）

675 □ on the third floor：3階に

The research room is **on the third floor**.
（その研究室は3階にある。）

類似表現：on the 3rd floor
関連表現：on the 4th floor（4階に）
on the fifth floor of the building（その建物の5階に）
be located on the second floor（2階に位置している）
a laboratory on the third floor（3階の実験室）

676 □ on A4 paper：A4用紙に

Manuscripts should be printed **on A4 paper**.
（原稿は、A4用紙に印刷されるべきである。）

関連表現：on A3 paper（A3用紙に）
on A4-size paper（A4サイズの紙に）
on one side of B5 paper（B5用紙の片面に）
use B4 paper（B4用紙を使用する）

677 □ in 10-point font：10ポイントのフォントで

They were presented **in 10-point font**.
（それらは、10ポイントのフォントで提示された。）

発音 font /fɔ́nt/

類似表現：in ten-point font
関連表現：in 20-point font（20 ポイントのフォントで）
　　　　　　using 12-point font（12 ポイントのフォントを用いて）
　　　　　　use 8-point font（8 ポイントのフォントを使用する）

構文表現

678 □ it took three months to do：—するのに3か月を要した

It took about **three months to** complete it.
（それを完成させるのに、約 3 か月を要した。）

類似表現：it took 3 months to do
関連表現：it takes 20 minutes to do（—するのに 20 分を要する）
　　　　　　it took 3 seconds to do（—するのに 3 秒を要した）
　　　　　　it took a further seven months to do（—するのにさらに 7 か月を要した）
　　　　　　it would take over 30 hours to do
　　　　　　　　（—するのには 30 時間以上を要するであろう）
　　　　　　take 7-10 days（7-10 日かかる）
　　　　　　take 90 seconds（90 秒かかる）
　　　　　　take more than 10 years to do（—するのに 10 年以上かかる）
　　　　　　take as long as 300 years to do（—するのに 300 年もかかる）

679 □ it cost $5,000 to do：—するのに5,000ドルかかった

It cost $5,000 to do the same thing.
（同じことをするのに 5,000 ドルかかった。）

類似表現：it cost five thousand dollars to do
関連表現：it costs $100 to do（—するのに 100 ドルかかる）
　　　　　　it cost 250 euros to do（—するのに 250 ユーロかかった）
　　　　　　it may cost a few hundred dollars to do
　　　　　　　　（—するのに数百ドルかかるかもしれない）
　　　　　　it would cost about 4,500 yen to do（—するのに約 4,500 円かかるであろう）

680 □ it was not until 1990 that S+V：
　　　　　　　　　　　　　　　—のは 1990 年以降のことであった

In fact, **it was not until 1990 that** this theory was reevaluated.
（事実、この理論が再評価されたのは、1990 年以降のことであった。）
（事実、1990 年までは、この理論が再評価されることはなかった。）

関連表現：it was not until the early 1990s that S+V
　　　　　（－のは1990年代初頭以降のことであった）
　　　　　it was not until the 19th century that S+V
　　　　　（－のは19世紀以降のことであった）
　　　　　it is not until the fifth century that S+V（－のは5世紀以降のことである）
　　　　　it is not until the age of 3 that S+V（－のは3歳以降のことである）
　　　　　it was after ten years that S+V（－のは、10年後のことであった。）

地理関係

681 □ have a population of 2 million：200万人の人口を有する，200万人の人口がある

The country **has a population of** about **2 million**.
（その国は、約200万人の人口を有している。）

類似表現：have a population of 2 million people
関連表現：have a population of about two thousand（約2000人の人口がある）
　　　　　a country with a population of 70 million（7000万人の人口を有する国）

682 □ have a population density of 7,800 people per km²：7,800人/km²の人口密度を有する

The city **has a population density of** about **7,800 people per km²**.
（その都市は、1 km²あたり約7,800人の人口密度を有している。）

発音　density /dénsəti/

類似表現：have a population density of 7,800 people per square kilometer
関連表現：have a population density of 2,500 people per km²
　　　　　（1平方キロメートルあたり2,500人の人口密度を有する）
　　　　　a city with a population density of over 4,000 people per km²
　　　　　（1平方キロあたり4,000人以上の人口密度を有する都市）
　　　　　70.2 people per square mile（1平方マイルあたり70.2人）
　　　　　a population density of 308 people per square mile
　　　　　（308人/平方マイルの人口密度）

683 □ have a scale of 1 to 25,000：縮尺2万5千分の1である

The map **has a scale of 1 to 25,000**.
（その地図は、縮尺2万5千分の1である。）

類似表現：have a scale of 1:25,000

関連表現：have a scale of 1:50,000（縮尺5万分の1である）
　　　　　a map with a scale of 1 to 50,000（縮尺5万分の1の地図）
　　　　　this 1:25,000 map（この縮尺2万5千分の1の地図）
　　　　　on a scale of 1 to 25,000（2万5千分の1の縮尺で）

684 □ be 2,300 meters above sea level：標高（海抜）2,300メートルである

The mountain **is 2,300 meters above sea level**.
（その山は、標高2,300メートルである。）

類似表現：be 2,300 meters above the sea
関連表現：be 8,000 m above sea level（標高8,000メートルである）
　　　　　be about 5,000 meters above sea level（標高約5,000メートルである）
　　　　　be over 7,000 m above sea level（標高7,000メートルを超えている）
　　　　　range from 530 to 920 m above sea level（海抜530-920メートルに及ぶ）

685 □ have an altitude of 3,000 meters：3000メートルの高さがある

The mountain **has an altitude of** about **3,000 meters**.
（その山は、高さが約3,000メートルである。）

発音　altitude /ǽltətjùːd/

類似表現：have an altitude of 3,000 m
関連表現：have an altitude of approximately 50 m（約50メートルの高さがある）
　　　　　reach an altitude of 5,000 feet（5,000フィートの高度に達する）
　　　　　at an altitude of 60 km（60キロの高さで）
　　　　　at an altitude of 20,000 feet（2万フィートの高度で）
　　　　　at an altitude of 2,000 meters（2,000メートルの高さで）

686 □ at 30 degrees north latitude：北緯30度に

The village is located **at 30 degrees north latitude**.
（その村は、北緯30度に位置している。）

発音　latitude /lǽtətjùːd/

類似表現：at 30°N
関連表現：at about 45 degrees south latitude（南緯約45度に）
　　　　　at 25 degrees 30 minutes north latitude（北緯25度30分に）
　　　　　at latitude 70°30'S（南緯70度30分に）
　　　　　at lat. 70°30'S（南緯70度30分に）
　　　　　at 25°30'N（北緯25度30分に）
　　　　　at north latitude 25°30'（北緯25度30分に）

地理関係

英語論文数字表現 717

at 35 degrees 14 minutes 55 seconds north latitude
（北緯 35 度 14 分 55 秒に）
be at 72 degrees north latitude（北緯 72 度にある）
near 40-45 degrees north latitude（北緯 40-45 度付近に）

687 ☐ at 10 degrees west longitude：西経10度に

The city is located **at 10 degrees west longitude**.
（その都市は、西経 10 度に位置している。）

発音 longitude /lɔ́ndʒitjùːd/

類似表現：at 10°W
関連表現：at about 120 degrees east longitude（東経約 120 度に）
at 100 degrees 20 minutes west longitude（西経 100 度 20 分に）
at longitude 90°25'E（東経 90 度 25 分に）
at long. 90°25'E（東経 90 度 25 分に）
at 90°25'W（西経 90 度 25 分に）
at west longitude 90°25'（西経 90 度 25 分に）
at 139 degrees 34 minutes 14 seconds east longitude
（東経 139 度 34 分 14 秒に）
near 20-30 degrees east longitude（東経 20-30 度付近に）
be located near 140°E（東経 140 度付近に位置する）

688 ☐ 300 kilometers off the west coast：

西海岸から300キロのところに，
西海岸から300キロ離れたところに

It is located **300 kilometers off the west coast**.
（それは、西海岸から 300 キロのところに位置している。）

類似表現：300 km off the west coast
関連表現：5 miles off the Pacific coast（太平洋沿岸から 5 マイルのところに）
about 100 miles off the mainland（本土から約 100 マイル離れたところに）
be about 10 km off the coast（その海岸から約 10 キロ離れている）

689 ☐ 500 kilometers southeast of Tokyo：東京の南東500キロに

It is located **500 kilometers southeast of Tokyo**.
（それは、東京の南東 500 キロに位置している。）

類似表現：500 km southeast of Tokyo
関連表現：about 250 km northwest of Kyoto（京都の北西約 250 キロに）
180 kilometers north of Osaka（大阪から北へ 180 キロのところに）

be 500 miles north of the equator（赤道の500マイル北にある）
be located about 50 km east of Nagoya
　　（名古屋から東へ約50キロのところに位置する）
lie about 100 km south of New York
　　（ニューヨークから南へ約100キロのところにある）

論文構成表現

690 □ see Chapter 3：第3章を参照のこと

For more details, **see Chapter 3**.
（さらなる詳細は、第3章を参照のこと。）

類似表現：cf. Chapter 3
関連表現：see also Chapter 3（第3章も参照のこと）
　　　　　　 in Chapter 3（第3章では）
　　　　　　 in Chapters 2 and 3（第2章と第3章では）
　　　　　　 be discussed in Chapter 3（第3章で議論される）

691 □ in Section 4：第4節で，第4節では

This historical approach is presented **in Section 4**.
（この歴史的アプローチは、第4節で提示される。）

関連表現：in Section 4.2（第4.2節で）
　　　　　　 in Sections 3 and 4（第3節と第4節では）
　　　　　　 see Section 4（第4節を参照のこと）
　　　　　　 be analyzed in Section 4（第4節で分析される）

692 □ in Part 2：第2部で，第2部では

The latter principle is discussed **in Part 2**.
（後者の原理は、第2部で議論される。）

関連表現：in the remainder of Part 2（第2部の残りの箇所では）
　　　　　　 in Parts 2 and 3（第2部と第3部では）
　　　　　　 especially Part 2（特に第2部）
　　　　　　 the aim of Part 2（第2部の目的）

693 □ in Experiment 2：実験2では，実験2で

In Experiment 2, the validity of the model was tested.
（実験2では、そのモデルの妥当性が検証された。）

関連表現：in Experiments 1 and 3（実験1と実験3では）
　　　　　the purpose of Experiment 2（実験2の目的）
　　　　　the results of Experiment 3（実験3の結果）
　　　　　be also used in Experiment 1（実験1でも使用される）

694 ☐ see note 3：注3を参照されたい

See note 3 for details.
（詳しくは、注3を参照されたい。）

類似表現：cf. note 3
関連表現：see notes 7 and 8（注7と注8を参照されたい）
　　　　　see also note 6（注6も参照されたい）
　　　　　see footnote 5（脚注5を参照されたい）
　　　　　cf. footnote 10（脚注10を参照のこと）
　　　　　in note 25（注25で、注25では）
　　　　　be pointed out in footnote 3（脚注3で指摘される）

695 ☐ Appendix 3：付録3

For more details, see **Appendix 3**.
（より詳しくは、付録3を参照されたい。）

発音　Appendix /əpéndiks/
関連表現：in Appendix 1（付録1では）
　　　　　as Appendix 2 shows（付録2が示すように）
　　　　　as shown in Appendix 3（付録3に示されるように）
　　　　　be given in Appendix 2（付録2に示される）

696 ☐ in Table 5：表5に、表5では

These functional properties are summarized **in Table 5**.
（これらの機能特性は、表5にまとめられている。）

関連表現：in Table 2.3（表2.3では）
　　　　　in Tables 5 and 6（表5と表6では）
　　　　　cf. Table 5（表5を参照のこと）
　　　　　as Table 5 shows（表5が示すように）
　　　　　be shown in Table 5（表5に示される）

697 ☐ in Figure 3：図3では、図3に

In Figure 3, this relationship is represented by a broken line.
（図3では、この関係は破線で示されている。）

発音 Figure /fígjər/
類似表現：in Fig. 3
関連表現：in Figures 3 and 4（図3と図4では）
　　　　　　as in Figure 3（図3にあるように）
　　　　　　as Figure 5 indicates（図5が示すように）
　　　　　　see Figure 3（図3を参照のこと）
　　　　　　the data shown in Figure 4（図4に示されたデータ）
　　　　　　be shown in Figure 3（図3に示される）
　　　　　　be given in Figures 5 to 7（図5から図7で示される）
　　　　　　Figs. 1 and 2（図1と図2）

698 □ in Step 2：ステップ2で，ステップ2では

The term is defined **in Step 2**.
（その用語は、ステップ2で定義される。）

関連表現：in Step 3（ステップ3では）
　　　　　　in Steps 2 and 3（ステップ2とステップ3では）
　　　　　　in Steps 2-5（ステップ2-5では）
　　　　　　return to Step 1（ステップ1に戻る）
　　　　　　repeat Step 2（ステップ2を繰り返す）
　　　　　　repeat Steps 2 and 3（ステップ2とステップ3を繰り返す）
　　　　　　this 4-step procedure（この4段階の手順）

699 □ Group 3：グループ3

Group 3 includes the following notions:
（グループ3には、以下の概念が含まれる。）

関連表現：in Group 1（グループ1では）
　　　　　　in Groups 7 and 8（グループ7とグループ8では）
　　　　　　compared to Group 5（グループ5と比較すると）
　　　　　　form Group 2（グループ2を作る）
　　　　　　a group of 8（8人グループ）
　　　　　　a group of 7-year-olds（7歳児のグループ）
　　　　　　in groups of five（5人1組で）

700 □ Theorem 4：定理4

Theorem 4 is a special case of Theorem 2.
（定理4は、定理2の特例である。）

発音　Theorem /θíːərəm/

関連表現：in Theorem 3（定理3では）
　　　　　as in Theorem 5（定理5にあるように）
　　　　　an immediate consequence of Theorem 3（定理3の直接的な帰結）
　　　　　an alternative to Theorem 1（定理1の代案）
　　　　　be similar to Theorem 4（定理4に似ている）
　　　　　Theorem 5 shows that S+V（定理5は−ということを示している）
　　　　　see Theorem 2（定理2を参照のこと）

701 □ the example (8)：(8)の例，(8)の事例

This is quite analogous to **the example (8)**.
（これは、(8)の例にかなり似ている。）

類似表現：the example in (8)
関連表現：the examples (2) and (3)（(2)と(3)の例）
　　　　　the examples in (3) through (5)（(3)から(5)の事例）
　　　　　the rule (3)（(3)の規則）
　　　　　the equation (5)（(5)の式，(5)の方程式）
　　　　　in the remaining 91 examples（残りの91例では）

702 □ in (2)：(2)では，(2)に，(2)で

In (2), on the contrary, the relationship is implicit.
（逆に、(2)では、その関係が非明示的である。）

関連表現：in (4) and (5)（(4)と(5)では）
　　　　　the data in (3)（(3)のデータ）
　　　　　the examples in (9)（(9)の例）
　　　　　in terms of (5)（(5)の観点から）
　　　　　as in (10)（(10)にあるように）
　　　　　be different from (4)（(4)とは異なっている）
　　　　　be presented in (8)（(8)に提示される）

703 □ on page 57：57ページに

In this sense, the examples **on page 57** are of particular interest.
（この意味では、57ページの事例が特に興味深いものである。）

メモ　pp. = pages, p. = page
類似表現：on p. 57
関連表現：on page 77（77ページに）
　　　　　on pages 57 and 60（57ページと60ページに）
　　　　　on pages 57-60（57ページから60ページに）
　　　　　on page 57 of the book（その本の57ページに）

英語論文数字表現 **717**

  be seen/found on page 57 (57 ページに見られる)
  on the first page of this book (本書の1ページ目に)
  the figure on page 99 (99 ページの図)
  see page 201 (201 ページを参照のこと)
  p. 206 (206 ページ)
  pp. 32-39 (32-39 ページ)
  pp. 25-7 (25-27 ページ)
  pp. 103-15 (103-115 ページ)
  see p. 32 (32 ページを参照のこと)
  as shown on p. 102 (102 ページに示されるように)
  a 50-page glossary (50 ページにわたる用語集)

704 □ **79ff.**：79ページ以降

See London (2012: **79ff.**) for more details.
（さらなる詳細は、London (2012: 79 ページ以降)を参照されたい。）

メモ ff. = (and the) following (pages), f. = (and the) following (page)
関連表現：pp. 20ff. (20 ページ以降)
   the tables on pp. 58ff. (58 ページ以降の表)
   especially pp. 137ff. (特に 137 ページ以降)
   see pp. 102ff. (102 ページ以降を参照のこと)
   pp. 20f. (20-21 ページ)
   the examples on pp. 58f. (58-59 ページの事例)

705 □ **at the top left of page 10**：10ページの左上に

The figure should be placed **at the top left of page 10**.
（その図は、10 ページの左上に配置されるべきである。）

関連表現：at the top right of page 25 (25 ページの右上に)
   at the bottom right of page 33 (33 ページの右下に)
   at the bottom left of page 107 (107 ページの左下に)
   at the top center of page 55 (55 ページの上中央に)
   at the bottom center of page 10 (10 ページの下中央に)
   at the top of page 88 (88 ページの上端／一番上／先頭に)
   at the bottom of page 102 (102 ページの末端／下端／一番下に)

706 □ **ll. 13-5**：13-15行目

For example, see **ll. 13-5**.
（例えば、13-15 行目を参照されたい。）

メモ ll. = lines, l. = line

論文構成表現

218

704-**708**

類似表現：ll. 13-15, lines 13-5, lines 13-15
関連表現：ll. 5-8（5-8行目）
　　　　　in ll. 31-2（31-32行目に）
　　　　　in lines 5 and 9（5行目と9行目に）
　　　　　in line 20（20行目に）
　　　　　in line 8 of page 25（25ページの8行目に）
　　　　　the keyword in l. 7（7行目のキーワード）
　　　　　the quotation in lines 14-17（14-17行目の引用）
　　　　　see also l. 22（22行目も参照されたい）
　　　　　in paragraph 3, line 5（第3パラグラフの5行目に）
　　　　　in paragraph 2, lines 7-10（第2パラグラフの7-10行目に）
　　　　　in 20 lines（20行で）
　　　　　in only three lines（たったの3行で）
　　　　　in about 10 lines（約10行で）
　　　　　a 12-line poem（12行の詩）

707 □ in the fifth line from the top：上から5行目に

The keyword is **in the fifth line from the top**.
（そのキーワードは、上から5行目にある。）
関連表現：in the tenth line from the top（上から10行目に）
　　　　　in the fifth line from the bottom（下から5行目に）
　　　　　in the first line（1行目に）
　　　　　in the first line of the first paragraph（第1パラグラフの1行目に）
　　　　　the third line from the top（上から3行目）
　　　　　the third line from the bottom（下から3行目）
　　　　　the second and third lines（2行目と3行目）

708 □ in the second paragraph：第2パラグラフ（段落）で，
　　　　　　　　　　　　　　　　　第2パラグラフ（段落）では

The main points of this theory are mentioned **in the second paragraph**.
（この理論の要点は、第2パラグラフで言及されている。）
発音 paragraph /pǽrəgræf/
類似表現：in the 2nd paragraph
関連表現：in the third paragraph（第3パラグラフで，第3パラグラフでは）
　　　　　in the 4th paragraph（第4パラグラフで）
　　　　　in the sixth paragraph（第6パラグラフに）
　　　　　in the second and third paragraphs（第2パラグラフと第3パラグラフに）

in the second paragraph of the review（その書評の第2パラグラフで）
quote the first paragraph（第1パラグラフを引用する）
in paragraph 8（第8パラグラフに）
in paragraph 5, line 8（第5パラグラフの8行目に）
in paragraph 3, lines 10-12（第3パラグラフの10-12行目に）

709 □ in the third row：第3列に《横列》

This pattern is shown **in the third row** of Table 4.
（このパターンは、表4の第3列に示されている。）

発音 row /róu/

関連表現：in the first row（第1列に）
in the first row of Table 2（表2の第1列に）
the second row（第2列）
in the second row from the top（上から2列目に）
be divided into two rows（2列に分割される）
be arranged in five rows（5列で配列される）
in the first three rows（最初の3列に）

710 □ in the first column：第1列に《縦列》

The values **in the first column** are shown in bold.
（第1列の値は、太字で示されている。）

発音 column /kɔ́ləm/

関連表現：in the third column（第3列に）
in the second column of Table 2（表2の第2列に）
the first column（第1列）
the numbers in the first column（第1列の数字）
as shown in the fourth column of Table 5（表5の第4列に示されるように）
be arranged in five columns（5列で配列される，5段で配列される）
be shown in the last three columns（最後の3列に示される）

711 □ in Poland (2013)：Poland (2013)では，Poland (2013)で

In Poland (2013), this issue is discussed in detail.
（Poland (2013)では、この問題が詳しく議論されている。）

関連表現：in London & King (2008)（London & King (2008)では）
as shown in Poland (2013)（Poland (2013)で示されるように）
as Poland (2013) points out（Poland (2013)が指摘するように）
in the sense of Poland (2013)（Poland (2013)の意味では）

in the work of Poland (2013)（Poland (2013) の研究では）

712 ☐ Johnson's (2012) proposal：Johnson (2012)の提案

This view is somewhat similar to **Johnson's (2012) proposal**.
（この見解は、Johnson (2012) の提案に少し似たところがある。）

関連表現：London's (1998) theory（London (1998) の理論）
　　　　　King's (1977b) hypothesis（King (1977b) の仮説）
　　　　　Crystal's (1990) theoretical framework（Crystal (1990) の理論的枠組み）
　　　　　Johnson's (2000) pioneering research（Johnson (2000) の先駆的研究）
　　　　　Finland & Orwell's (2000) model（Finland & Orwell (2000) のモデル）

713 ☐ Volume 2：第２巻

Yamada, Taro. (2008) *An Introduction to Psychology (***Volume 2***)*. Tokyo: The ABC Press.
（山田太郎 (2008)『心理学入門（第２巻）』東京：ABC 出版 .）

類似表現：Vol. 2
関連表現：*ABC Journal*, Vol. 16（ABC ジャーナル , 第 16 巻）
　　　　　Volume 32, Number 2（第 32 巻 , 第２号）
　　　　　Vols. 1 and 2（第１巻と第２巻）
　　　　　Volumes 1-4（第１巻から第４巻）
　　　　　the third volume（第３巻）
　　　　　3 vols.（3 巻セット）
　　　　　more than 20 volumes（20 巻以上）

714 ☐ Number 3：第３号

Studies in Japanese Linguistics, Volume 3, **Number 3**, pp. 107-130.
（『日本語学研究』第３巻 , 第３号 , pp. 107-130.）

類似表現：No. 3
関連表現：No. 5（第５号）
　　　　　Numbers 1-3（第１号から第３号）
　　　　　Volume 8, Number 1（第８巻 , 第１号）

715 ☐ the 1930 edition：1930年版

These examples are taken from **the 1930 edition**.
（これらの事例は、1930 年版からのものである。）

関連表現：the 2000 edition（2000 年版）
　　　　　a nineteenth-century edition（19 世紀版）

in the 1971 edition（1971 年版では）

716 □ **the first edition of this book**：本書の初版，本書の第 1 版

The first edition of this book was published in 1966.
（本書の初版は、1966 年に出版された。）

類似表現：the 1st edition of this book
関連表現：the sixth edition（第 6 版）
the 4th edition（第 4 版）
in the third edition（第 3 版では）

717 □ **two anonymous referees**：2 人の匿名査読者

We would like to thank **two anonymous referees** for their helpful comments.
（有益なコメントを頂いたことについて、2 人の匿名査読者に感謝したい。）

発音　anonymous /ənɔ́nəməs/　referee /rèfərí:/　reviewer /rivjú:ər/
類似表現：two anonymous reviewers, 2 anonymous referees, 2 anonymous reviewers
関連表現：an anonymous referee（1 人の匿名査読者）
three anonymous reviewers（3 名の匿名査読者）

718 □ **at the 25th Annual Meeting**：第 25 回年次大会で

This paper was presented **at the 25th Annual Meeting** of the Japanese XYZ Association.
（本論文は、日本 XYZ 学会第 25 回年次大会で発表された。）

発音　Annual /ǽnjuəl/
類似表現：at the Twenty-Fifth Annual Meeting
関連表現：at the 2013 Conference（2013 年の大会で）
at the 3rd XYZ Symposium（第 3 回 XYZ シンポジウムで）
at the 10th Annual Conference of the XYZ Society of Japan
（日本 XYZ 学会第 10 回年次大会で）

キーワード検索（日本語）

※数字は見出し整理番号

あ

アール	062
間	299, 330, 360, 361, 522, 523, 644, 645
間中	324
赤字	608
上がる	474, 477
秋	335
上げる	473
値	613
厚さ	221-223
圧力	248
余り	175
アルコール分	254
アンケート	576
アンペア	070

い

以下	583, 611, 614
以下である	167, 531, 534
以下の	560, 647
以降	300, 323, 331, 384
以降に	358, 373
一以降のことである	680
以上	579, 582, 614
以上である	166, 532, 533, 537
以前に	357, 372
一以前に（は）	661
1億分の1	412
一次方程式	193
1度	448
一番上	705
一番下	705
1万分の1	411
一例	569
1回	448, 451
1000億分の1	413
1000分の1	411
1000万分の1	412
1対1	578
1兆分の1	414
一兆分率	419
以内	611
以内である	531, 538
以内に	370, 371
以来	300, 323, 331
因数	160
インチ	036

う

ウェーバ	100
上から	707
上中央	705
ウォン	027
右辺	193
上回っている	529, 530
上回る	490

え

エーカー	064
エルグ	078
円	021
円周	228, 229
塩分	254

お

王朝	635
大きい	164, 535
大きさ	238
多く	589
多くても	604
オーム	072
一おきに	652, 654
億	004, 005
オクターブ	091
遅くとも一までに	359
落ちる	484, 485
同じである	542
重さ	224, 225
およそ	121, 134
及ぶ	500, 501
終わりに	334
オングストローム	040
何十億もの	131
オンス	050
温度	265, 266

か

○階	675
回	104, 448-454
下位	428, 429, 444, 568
解	195
外径	234
会計年度	340
階乗	157
回答者	624
回答率	432
海抜	684
海里	042
ガウス	098
かかる	498, 678, 679
角	196
拡大する	517
角度	256
確率	438, 439
かけ算	171, 172
かける	183
過去○年	378
過去○年間で	375
過去○年の間に	374
華氏○度	264
華氏マイナス	259
画素	111
加速度	280, 281
下端	705
価値がある	545
月	011, 344-349
○月○日	351, 352, 353
学会	718
○月に	342
可能性	433, 434
下部	430
株	625
上○桁	190
上半期	387

223

一から ……………… 237, 380	キロジュール ……………… 077	号 ……………………… 714
一から一にかけて ………… 382	キロニュートン ……………… 084	後期に …………………… 295
一から一の間に …………… 385	キロバイト ………………… 107	交響曲 …………………… 643
一から一のところに ……… 671	キロヘルツ ………………… 089	口径 ……………………… 235
一から一離して …………… 671	キロ(メートル) …………… 035	合計して一となる ………… 505
一から一まで ……… 381, 386	キロリットル ……………… 056	構成される ……………… 521
カラット …………………… 576	キロワット ………………… 074	構成する ………………… 494
一から成る ………… 519, 520	キロワット時 ……………… 075	高度 ……………………… 685
一から離れている ………… 237	金利 ………………… 432, 436	光年 ……………………… 044
カロリー ………………… 079		勾配 ……………………… 258
ガロン …………………… 060	**く**	後半 ………………… 306, 308
為替レート ………………… 612	クーロン ………………… 068	後半に …………………… 328
巻 ………………………… 713	クオート ………………… 059	項目 ……………………… 576
間 ……… 299, 330, 360, 361,	位 …………………… 185, 186	超えている ………… 525, 527,
522, 523, 644, 645	比べて …………………… 660	529, 530
間隔で ……… 653, 655, 670	グラム …………………… 047	超える ……………… 488-490
一間で …………………… 644	グラム重 ………………… 052	ごく最近の ……………… 336
カンデラ ………………… 095	グループ ………………… 699	午後 ……………………… 353
	グレイ …………………… 094	ここ○年間で ……… 374, 375
き	黒字 ……………………… 608	誤差 ……………………… 618
気圧 ……………………… 088		午前 ……………………… 353
ギガバイト ………………… 109	**け**	一ごとに …………… 652-654
期間 ………… 361, 377, 386	傾斜 ……………………… 258	一後に ……………… 392, 394
紀元前 …………………… 318	下旬に …………………… 349	この ……………………… 556
紀元前○世紀 ……… 287, 309	桁 ………………… 189-191, 619	5分の1 ……………… 407, 438
議席 ……………………… 628	月 …………………… 011, 344-349	5万分の1 ………………… 683
寄付金 …………………… 608	月給 ……………………… 609	これから …………… 371, 379
逆数 ……………………… 162	月収 ……………………… 610	頃 …………… 115, 121, 322
脚注 ……………………… 694	月齢 ………………… 402, 405	一頃まで ………………… 367
急上昇する ………… 480, 481	下落 ………………… 424, 425	今後 ………………… 365, 371
急増する ………………… 474	下落する …………… 484, 485	
給与 ……………………… 609	ケルビン ………………… 267	**さ**
急落する ………………… 484	元 ………………………… 026	差 ………………………… 178
給料 ……………………… 609	減 ………………………… 443	○歳 ………………… 397-401, 404
行 ………………… 706, 707	研究協力者 ……………… 623	最高速度 ………………… 276
協奏曲 …………………… 643	一現在で ………………… 659	最後の ……… 311, 365, 559
共通因数 ………………… 160	減少 ………………… 424, 425	○歳児 …………………… 404
○行目 ……………… 706, 707	減少する …………… 482-487	最小公倍数 ……………… 158
距離 ………………… 237, 607	原子量 …………………… 225	最小でも ………………… 602
距離がある ……………… 237	限定される ……………… 544	最初の …… 311, 365, 371, 379
切り上げる ……………… 188	圏内 ……………………… 667	最初の …………………… 558
切り捨てる ……………… 188	顕微鏡 …………………… 617	○歳代 …………………… 403
キロカロリー ……………… 080		最大公約数 ……………… 159
記録する ………………… 512	**こ**	最大で ……………… 600, 601
キログラム ………………… 048	一後 ……………………… 396	最低でも ………………… 602
キログラム重 ……………… 052	項 ………………… 194, 663	さかのぼる ……………… 515

キーワード検索（日本語）

下がる 483, 485
指し示す 512
査読者 717
左辺 193
さらに 362, 561, 562
3回 450, 453
三次方程式 193
3乗 148, 150
3度 450
3倍となる 552
3倍にする 552
3分の1 ...... 407, 421, 458

し

次(じ) 633, 634
シーベルト 092
ジーメンス 083
時間 014
式 193
次元 573
四捨五入 188, 619
地震 640
時速 271
持続時間 253
下から 707
下中央 705
下回る 491
実験 693
実験協力者 623
湿度〇% 268, 269
質量 227
時点 659
支払金 608
四半期 389
四半世紀 312
脂肪分 254
死亡率 432
示す 510, 511
占める 492-494
下〇桁 190
下半期 388
尺度 577
週 012, 350
周囲 228-231
十億 005
10億分の1 413

十億分率 418
週間 012
周期 251, 252
終速度 276
12 001
十年 009
10分の1 .... 409, 458
〇週目に 657
重量 225
ジュール 076
週齢 405
縦列 710
縮尺 683
縮小する 518
10兆分の1 414
樹齢〇年 400
商 180
章 690
乗 151, 152
場 642
条 663
上位 428, 429, 444, 568
象限 192
乗根 156
上旬に 347
上昇 422, 423
上昇する 473, 474, 476,
                  477, 479
小数 142
小数第〇位 186, 187
上端 705
上部 430
初速度 277
初頭に 290, 293, 296,
                  315, 326, 333
所得 610
初版 716
事例 701
人口 681
人口密度 682
シンポジウム 718

す

図 697
水深 669
推定される 546

推定で 605
水分 254
水面下 674
数〇〇 133
数億もの 130
数十億もの 131
数十万もの 127
数十もの 122, 123
数千万もの 129
数千もの 125
数兆もの 132
数百万もの 128
数百もの 124
数万もの 126
少なくとも 602, 603
スコア 614
ステップ 698
既に 337

せ

〇世 636
世紀 008
世紀 286, 289-313
西経 687
生後 402, 405
せいぜい 604
成長する 478
成長率 432
西暦 319
西暦〇世紀 288, 310
積 179
世帯 626
世代 575
節 691
摂氏〇度 262, 263
摂氏マイナス 259
絶対値 163
ゼロ 543
千 003
全圧 248
1000億分の1 413
前後 136-138
全体で 595-597
全体で一である 506
センチ(メートル) 033
全長 207, 209

225

セント 019	第一次世界大戦 633	対 555
先頭 705	第一次湾岸戦争 633	次の 379, 560
千年 007	大会 718	続く 513, 514
千年紀 638	第三次 634	
前半 305, 307	体積 242, 243	**て**
全部で 595-597	大統領 630	一で 366, 648
1000 分の 1 411	第二次 633, 634	低下 424, 425
千分率 416	第二次世界大戦 633	抵抗 249
1000 万分の 1 412	台風 639	底面積 241
	高い 433, 468	定理 700
そ	高さ 213-216, 685	滴 606
素因数 161	高値 612	一で構成される 521
層 574	一だけで 321	デシベル 090
増 442	たし算 169	デシリットル 054
増加 422, 423, 615	足す 181	手数料 608
総額 595, 596	達する 472	テスラ 099
増加する 473, 478	たったの ... 524, 563, 585-588	一で成り立つ 519, 520
総計 595	縦列 710	テラバイト 110
総質量 227	他の 557	点 142
総重量 225	保たれる 547	天文単位 043
総勢 595	段 710	
相対湿度 268, 269	単価 499, 650	**と**
総面積 241	段階 572, 577, 664	度 255, 256, 454
速度 274-277	断面積 241	東経 687
その後 365	段落 708	到達する 472
その後の 379		糖度 270
損失 424, 608	**ち**	同等である 541
	小さい 165, 536	等分 202
た	地下 673	糖分 254
対 146	近い 540	匿名査読者 717
代 630	近く 134	一と比べて 660
第〇 565	近づく 496	ドル 018
第〇巻 713	地上 672	トン 049
第〇項 663	注 694	
第〇号 714	中央値 204	**な**
第〇週 350	中旬に 345, 348	内径 234
第〇章 690	中部 430	中頃に 291, 294, 327
第〇場 642	中葉に 297, 304	長さ 206-209
第〇条 663	兆 006	半ばに 291, 294, 297, 304,
第〇節 691	超 581	316, 327, 345
第〇代大統領 630	調査 516, 662	夏 335
第〇版 716	調査する 516	ナノメートル 030
第〇部 692	頂点 199	成り立つ 519
第〇幕 641	直径 218, 232, 233	成る 519, 520
第〇列 709, 710		南緯 686
第一次 633, 634	**つ**	何億もの 130

キーワード検索（日本語）

何十万もの 127
何十もの 122, 123
何千万もの 129
何千もの 125
何兆もの 132
南東 689
何百万もの 128
何百もの 124
何万もの 126

に

2回 449, 452
─にかけて 382
二次方程式 193
2乗 147, 149
日 013
○日目に 656
─につき 651
2度 449
─になっても 338
─になってやっと 339
─になってようやく 339
2倍 455
2倍となる 551
2倍にする 551
2分の1 .... 406, 457, 550
─にまでも 338
2万5千分の1 683
─に満たない 165
─にも 593
ニュートン 084
─にわたって 301, 376-379

ね

年 010, 314-324
○年○月○日 357-359
○年○月○日に 355, 356
○年○月に 343
年間平均気温 265
年次大会 718
年収 610
○年生 564
年代 325-334
○年代を通して 332
○年の─ 629, 631,
632, 662

年俸 609
年率 431, 436
年齢 397-401, 404

の

─の間 299, 330
─の間中 324
─の間で 645
─の間に 385
─のうち 646
─のうちの─ 620, 621
濃度 247
─の終わりに 292, 334
─の距離がある 237
残りの 426, 427
─の時点で 659
ノット 278
─のところに 671
─の中で 645
─の初めに 290, 293, 296
─のはるか昔に 341
─の1つ 570
のぼる 477, 495
─の昔に 341

は

パーセント 415, 420,
468, 469
○％減 443
○％増 442
バーツ 029
パーミル 416
倍 283, 455, 456, 459,
461-464, 466, 467, 470,
471, 475, 517, 594, 615,
617, 665, 666
倍数 158
バイト 106
倍率 284, 285
パイント 058
初めに 290, 293, 296,
326, 333, 344
パスカル 086
8分の5 407
波長 250
罰金 608, 611

離して 670, 671
離れたところに 688
離れている 237
幅 217-220
早くも 337
速さ 274, 275
パラグラフ 708
馬力 085
春 335
はね上がる 479-481
はるか─に 341
はるか昔に 341
バレル 057
版 715, 716
○版 715, 716
範囲内 502, 539, 668
半径 236, 667
半減する 482, 484,
487, 550
半数 406
半分 406, 550
○番目 566, 567

ひ

比 445
ひき算 170
引く 182
低い 433, 468
ピクセル 111
被験者 622
比重 246
左上 705
左下 705
ビット 105, 112
ビット毎秒 112
─比で 660
等しい 168, 508, 541
1つ 570
百 002
100億分の1 413
100兆分の1 414
百年 008
100分の1 410
百分率 415
百万 004
100万分の1 412

百万分率 417	**へ**	マイクロヘンリー 082
費用 608, 649	平均 204	マイクロメートル 031
票 627	平均気温 265	マイナス 140
表 696	平均月収 610	マイナス○度.................... 260
秒 016	平均サイズ 238	毎秒 112
標高 684	平均して 598, 599	毎分 104
標準偏差 203	平均して—である 507	毎分○回転 282
秒速 273	平均成長率 432	毎立方センチメートル 067
評定尺度 577	平均速度 274, 277	毎立方メートル 067
評点 664	平均値 204, 205	マイル 039
表面積 241	平均で 598, 599	一前から 383
比率 445-447	平方 061	一前に 313, 390, 391, 393, 395
広さ 238	平方根 154	一前までは 368, 391
	平方フィート 037	幕 641
ふ	平方ヤード 038	マグニチュード 640
部 692	ページ 703-705	一末頃に 328
ファラド 081	ページ以降 704	末端 705
フィート 037	ヘクタール 063	一末に 292, 295, 298, 317, 334, 346
増える 473-475	ヘクトパスカル 087	マッハ 279
フォント 677	ベクレル 093	末葉に 295, 298, 304
深さ 210-212, 669	ペソ 024	一まで 302, 357, 367, 381, 386
複数の 580	減らす 487, 518	一までに 303, 359, 369
負債 608	減る 482, 483	万 003, 004
2つ以上の 580	ヘルツ 089	
沸点 265	辺 197, 198, 201	**み**
費やす 497	変化する 504	右上 705
冬 335	ペンス 022	右下 705
プラス 139	変動する 503	ミクロン 041
プラス○度...................... 261	ヘンリー 082	満たない 165
プラスマイナス 141		3つ以上の 580
フラン 025	**ほ**	密度 245
一ぶりに 658	ポイント 677	未満 584
付録 695	望遠鏡 617	未満である 165, 526, 528, 529, 536
分 015	報告書 662	ミリアンペア 069
分圧 248	報酬 608	ミリウェーバ 100
分割される 549	他の 557	ミリグラム 046
分子 193	北緯 686	ミリシーベルト 092
分子量 225	北西 689	ミリ水銀 103
分数 143-145	一ほども多く 589	ミリ秒 017
分速 272	ほぼ 118-120, 134, 540	ミリヘンリー 082
○分の○ 421, 440, 441, 460, 471	ボルト 071	ミリ(メートル) 032
分母 193	ポンド 022, 051	ミリリットル 053
分類される 548	ほんの 391	
	ま	
	マイクログラム 045	

キーワード検索（日本語）

む
昔 341
無作為調査 516

め
メートル 034
メガオーム 072
メガバイト 108
メガワット 074
面 200
面積 239, 240

も
―も 589-593
もう 362
もう1つの 571
モル 101
モル濃度 247

や
ヤード 038
約 114-121, 134, 135, 138
約数 159
安値 612

ゆ
夕方 353
有効数字 619
融点 265

ユ
ユーロ 020
油分 254

よ
溶液 616
用紙 676
要する 678
容積 244
曜日 354
容量 244
横列 709
―より大きい 164, 535
―より小さい 165, 536
夜 353
4倍となる 553
4倍にする 553
4分の1 408

ら
ラジアン 257

り
利益 608
利子 436
率 432
リットル 055
立方 065
立方根 155
理由 647

る
ルート 154
ルーブル 023
ルーメン 096
ルクス 097
ルピー 028

れ
例 701
零下○度 260
列 709, 710
レンズ 617
連続で 363, 364

わ
和 177
わずか 524, 563, 585-588
わたって 301, 376-379
わたる 500
ワット 073
ワット時 075
割合 435-437, 445-447
割り切れる 174
わり算 173
割引率 432, 436
割る 184

を
―を通して 301, 324, 332

キーワード検索（英語）

※数字は見出し整理番号

A

about	114
above	525, 614
above ground	672
above sea level	684
above the sea	684
above zero	261
absolute value	163
acceleration	281
account	492
accuracy	439
acre	064
across	218
Act	641
AD	288, 310, 319
add	181
add up to	505
additional	562
after	358, 373, 392, 394
afternoon	353
age	397, 398, 399, 401
aged	399
ago	313, 368, 383, 390, 391
alcohol content	254
all	597
almost	118
alone	321
altitude	685
among	645
amount	495
ampere	070
angle	196, 256
angstrom	040
annual	436, 609, 610, 718
annual rate	436
annually	435
annum	431
anonymous	717
another	362
apart	670
aperture	235
apiece	650
Appendix	695
approach	496
approximately	116
are	062
area	239, 240, 241
around	115, 230, 322
Article	663
as	459, 460, 471
as early as	337
as few as	586
as high as	593
as late as	338, 339
as little as	587
as long as	591
as low as	588
as many as	591
as much as	592
as of	659
as recently as	336, 391
astronomical unit	043
at least	603
at most	604
atmosphere	088
autumn	335
average	205, 507, 598, 599
average size	238
average speed	274
average temperature	265
average velocity	277
away from	237, 671

B

back	341, 515
baht	029
barrel	057
base area	241
BC	287, 309, 318
beat	104
becquerel	093
before	357, 372, 393
beginning	290, 333, 344
below	491, 526, 614
below ground	673
below zero	260
between	385, 502, 522, 523, 644
billion	005
billions of	131
billionth	413
bit	105
boiling point	265
bottom	428, 429, 444, 567, 568, 705, 707
bpm	104
bps	112
breadth	219
Brix	270
but	620
by	176, 303, 369
byte	106

C

c.	121
ca.	121
calorie	079
candela	095
capacity	244
carat	576
cc	066
Celsius	259, 262
cent	019
center	705
centigrade	263
centimeter	033, 061
century	008, 286-313
chance	433, 434, 439
change	504
chapter	690
circa	121
circumference	228, 229
classified	548

230

キーワード検索（英語）

climb ···················· 479
close ··············· 134, 540
column ···················· 710
common ············ 158, 159
common factor ········· 160
compared ················ 660
composed ················ 521
concentration ·········· 247
concerto ··················· 643
conference ··············· 718
consecutive ············· 363
consist ···················· 519
constitute ················ 494
content ··················· 254
cost ············ 498, 499, 608, 649, 679
coulomb ················· 068
couple ···················· 133
cover ······················ 500
cross-sectional area ······ 241
cube ······················ 150
cube root ················ 155
cubed ···················· 148
cubic ······ 065, 066, 067, 193
cubic centimeter ···· 065, 066
cycle ······················ 252

D

date back to ············ 515
day ················· 013, 656
debt ······················ 608
decade ············· 009, 311
decibel ···················· 090
deciliter ··················· 054
decimal ··················· 187
decline ········· 424, 425, 486
decrease ········ 424, 425, 482, 483
deep ··············· 210, 669
deficit ···················· 608
degree ········ 255, 256, 258, 259, 262-264, 270
denominator ············ 193
density ············· 245, 682
depth ············ 211, 212, 669
deviation ·················· 203

diameter ······· 232, 233, 234
difference ················ 178
digit ·············· 189, 190, 191
dimensional ············· 573
distance ··················· 607
divide ···················· 184
divided ········· 173, 174, 549
divisible ··················· 174
divisor ···················· 159
dollar ······················ 018
donation ·················· 608
double ···················· 551
down ······················ 443
dozen ···················· 001
dozens of ················ 123
dpi ······················· 113
drop ·········· 424, 425, 485, 491, 606
duration ·················· 253
during ·········· 299, 311, 330, 365, 375
dynasty ·················· 635

E

each ·············· 499, 650
earlier ···················· 395
early ··········· 293, 296, 315, 326, 337, 347
early years ··············· 290
earthquake ··············· 640
east ·············· 687, 689
edge ····················· 198
edition ············ 715, 716
eighth ··············· 407, 427
end ············ 292, 304, 334, 346, 364
equal ·············· 168, 508
equal parts ················ 202
equation ·················· 193
equivalent ················ 541
erg ······················ 078
error ····················· 618
estimated ·········· 546, 605
euro ······················ 020
evening ··················· 353
every ·········· 652, 653, 654

example ············ 569, 701
exceed ··················· 488
exceeding ················ 611
excess ··················· 530
exchange rate ··········· 612
experiment ··············· 693
external diameter ········ 234

F

f. ························· 704
face ······················ 200
factor ·············· 160, 666
factorial ··················· 157
Fahrenheit ··············· 264
fall ············ 335, 424, 425, 484, 491
farad ····················· 081
fat content ················ 254
feet ······················ 037
few ··············· 133, 586
fewer ···················· 583
fewer than ··············· 584
ff. ························· 704
fifth ········ 143, 144, 151, 154, 156, 407, 409, 460
Figure ··················· 697
figure ············ 189, 619
final velocity ············· 276
fine ·············· 608, 611
first ·············· 558, 658
first half ············ 305, 387
fiscal ···················· 340
fivefold ··················· 665
floor ····················· 675
fold ········· 464, 475, 615, 665
following ·········· 560, 647
font ······················ 677
foot ······················ 037
footnote ··················· 694
for ············· 360-365, 648
for the first time ········· 658
force ····················· 052
former half ··············· 307
fourfold ·················· 665
fourth ····· 143, 144, 151, 156, 192, 312, 354, 406, 407

231

franc ·················· 025	humidity ········· 268, 269	**L**
from ········ 380, 382-384	hundred ·················· 002	l. ························· 706
from A through B ······· 382	hundreds of ············ 124	larger than ············ 535
from A to B ······ 381, 386	hundreds of millions of	last ········ 374, 375, 378, 513,
front ···················· 567	······················ 130	514, 559, 567
further ·················· 561	hundreds of thousands of	late ······· 295, 298, 317, 328,
	······················ 127	338, 339, 349
G	hundredth ·············· 410	later ···················· 396
gain ··············· 422, 423		lateral area ············ 241
gallon ·················· 060	**I**	latitude ················ 686
gauss ·················· 098	in ··············· 314-321, 366,	latter half ············ 308
generation ············ 575	421, 441	layer ···················· 574
gigabyte ················ 109	in a row ················ 364	least ···················· 603
gradient ················ 258	in all ···················· 597	least common multiple ·· 158
gram ···················· 047	in succession ·········· 364	left ················ 567, 705
gram-force ············ 052	in total ················ 596	left-hand ·············· 193
gravity ················ 246	inch ···················· 036	length ············ 207, 209
gray ···················· 094	incline ·················· 258	less ················ 469, 583
greater ·················· 582	income ·················· 610	less than ·············· 165
greater than ······ 164, 529	increase ········· 422, 423,	less than or equal to ······ 167
greater than or equal to	473-475, 615	level ···················· 684
······················ 166	initial velocity ·········· 277	lie ······················ 522
greatest common divisor	inner diameter ·········· 234	light year ·············· 044
······················ 159	inside diameter ·········· 234	limited ·················· 544
gross weight ············ 225	internal diameter ········ 234	line ················ 706, 707
ground ············ 672, 673	interval ·················· 655	linear ·················· 193
group ·················· 699	item ···················· 576	liter ···················· 055
grow ···················· 478		little ···················· 587
growth rate ············ 432	**J**	ll. ························ 706
	joule ···················· 076	long ············ 206, 208, 591
H	jump ···················· 480	longitude ·············· 687
half ······· 306, 308, 388, 406,		loss ···················· 608
457, 460, 471	**K**	low ················ 588, 612
halve ···················· 550	kelvin ·················· 267	lower ······ 430, 433, 468, 534
hectare ·················· 063	kept ···················· 547	lowest common multiple
hectopascal ············ 087	kilobyte ················ 107	······················ 158
height ············ 215, 216	kilocalorie ·············· 080	lumen ·················· 096
held ···················· 547	kilogram ················ 048	lux ······················ 097
henry ·················· 082	kilogram-force ·········· 052	
hertz ···················· 089	kilojoule ················ 077	**M**
high ············ 214, 593, 612	kiloliter ················ 056	Mach ·················· 279
higher ············ 433, 468,	kilometer ·············· 035	made up of ············ 520
533, 614	kilowatt ················ 074	magnification ······ 284, 285
horsepower ············ 085	kilowatt-hour ·········· 075	magnify ················ 517
hour ···················· 014	knot ···················· 278	magnitude ·············· 640
household ·············· 626	kph ···················· 271	many ············ 471, 591

キーワード検索（英語）

margin ······················· 618
mass ·························· 227
maximum ················· 601
maximum velocity ········ 276
mean ······················ 204, 205
mean size ················· 238
measure ···················· 509
median ······················ 204
meeting ······················ 718
megabyte ···················· 108
megaohm ···················· 072
megawatt ···················· 074
melting point ··············· 265
mercury ······················ 103
mere ·························· 563
meter ·························· 034
microgram ···················· 045
microhenry ·················· 082
micrometer ·················· 031
micron ························ 041
microscope ·················· 617
mid- ······ 294, 316, 327, 348
middle ············ 291, 304, 345, 348, 430
midway ······················ 297
mile ····················· 039, 042
mill ···························· 416
millennia ··············· 007, 638
millennium ············ 007, 638
milliampere ·················· 069
milligram ···················· 046
millihenry ···················· 082
milliliter ······················ 053
millimeter ·············· 032, 103
million ······················· 004
millions of ··················· 128
millionth ···················· 412
millisecond ·················· 017
millisievert ··················· 092
milliweber ··················· 100
minimum ···················· 602
minus ············ 140, 141, 152, 170, 259, 260
minute ······················· 015
mmHg ······················· 103
molar concentration ······· 247

molarity ······················ 247
mole ·························· 101
month ················ 011, 402, 405
monthly ················ 609, 610
more ················ 463, 467, 469, 470, 582
more than ············ 164, 579
more than one ············· 580
more than or equal to ···· 166
morning ···················· 353
most ·························· 604
mph ··························· 271
much ·················· 471, 592
multiple ······················ 158
multiplied ···················· 172
multiply ······················ 183

N

nanometer ··················· 030
nautical mile ················ 042
nearly ························· 119
negative ····················· 140
neighborhood ··············· 137
newton ······················· 084
next ········ 365, 371, 379, 560
night ·························· 353
no fewer than ·············· 590
no later than ················ 359
no less than ················· 589
no more than ··············· 585
north ···················· 686, 689
northwest ···················· 689
not less than ················ 532
not more than ·············· 531
note ··························· 694
Number ······················ 714
numerator ··················· 193

O

occupy ······················· 493
octave ························ 091
of ······················· 620, 646
off ····························· 688
ohm ··························· 072
oil content ··················· 254
old ············ 400, 402, 404, 405

older ·························· 401
older than ············· 399, 401
on average ·················· 599
on end ······················· 364
once ··············· 448, 451, 454
one of ························ 570
one-to-one ·················· 578
only ··························· 524
onwards ······················ 384
opposed ····················· 660
or above ····················· 614
or below ····················· 614
or fewer ······················ 583
or greater ···················· 582
or higher ··············· 533, 614
or less ························ 583
or lower ······················ 534
or more ······················ 582
or older ······················ 401
or over ······················· 582
or younger ··················· 401
order ·························· 135
other ·························· 557
ounce ························· 050
out of ························· 621
outer diameter ·············· 234
outside diameter ··········· 234
over ······· 145, 376-379, 399, 401, 527, 581, 582

P

p. ······························· 703
page ···················· 703, 705
pair ···························· 555
paper ························· 676
paragraph ··················· 708
Part ··························· 692
partial pressure ············· 248
participant ··················· 623
parts ·························· 202
pascal ························· 086
past ··············· 374, 375, 378
payment ····················· 608
pence ························· 022
people ························ 682
per ···························· 651

233

per annum 431	quadratic 193	round 188
per cubic centimeter 067	quadruple 553	row 364, 709
per cubic meter 067	quart 059	rpm 282
per hour 271	quarter 312, 389, 408, 460	ruble 023
per mill 416	quaternary 634	rupee 028
per minute 272	questionnaire 576	
per second 273	quinary 634	**S**
per second per second ... 280	quotient 180	salary 609
per second squared 280		salt content 254
per year 431	**R**	same 542
percent 415, 420, 468, 469	radian 257	scale 577, 664, 683
perimeter 231	radius 236, 667	Scene 642
period 251, 361, 377, 386	range 501, 502, 539, 668	score 614
peso 024	rate 275, 432, 435, 436, 612	sea 684
pH 102	rating 577	sea level 684
pint 058	ratio 445, 446, 447	seat 628
pixel 111	reach 472	second 016, 571
place 185, 186, 187	read 510	second half 306, 388
plus 139, 141, 169, 261	rear 567	second root 154
plus or minus 141	reason 647	second squared 280
point 142, 577, 677	recently 336, 391	secondary 634
population 681	reciprocal 162	Section 663, 691
population density 682	recurring 142	sectional 241
positive 139	reduce 518	several 133
pound 022, 051	reduction 424, 425	share 625
power 151, 152, 153, 617	referee 717	shrink 487
pp. 703	region 138, 234	side 197
ppb 418	register 512	sided 201
ppm 417	relative humidity ... 268, 269	siemens 083
ppt 419	remainder 175	sievert 092
president 630	remaining 426, 427	significant 619
pressure 248	report 662	since 300, 323, 331
primary 634	resistance 249	sixfold 665
prime factor 161	respondent 624	sixth 144, 151, 153
prior 661	reviewer 717	size 238
probability 433, 434, 438, 439	revolution 282	slope 258
product 179	reward 608	smaller than 165, 536
profit 608	right 567, 705	smaller than or equal to 167
proportion 437	right-hand 193	soar 481
	rise 422, 423, 476, 477	Society 718
Q	risk 433	solution 195, 616
quadrant 192	root 154, 155, 156	some 117
	rouble 023	south 686, 689
	roughly 120	southeast 689
		specific gravity 246

キーワード検索（英語）

speed 274, 275, 497
spring 335
square 061, 149
square centimeter 061
square root 154
squared 147, 280
stage 572
stand 511
standard deviation 203
start 290
Step 698
story 576
straight 363
student 564
subject 622
subtract 182
succession 364
sugar content 254
sum 177
summer 335
surface area 241
surpass 489
surplus 608
survey 516, 662
symphony 643
symposium 718

T

Table 696
take 678
tall 213
temperature 265, 266
tenfold 615
tens of 122
tens of millions of 129
tens of thousands of 126
tenth 409, 458
terabyte 110
term 194
tertiary 634
tesla 099
than 462-466,
              468-470, 537
that 680

theorem 700
there 434
these 556
thick 221
thickness 222, 223
third 407, 458, 460, 571
third root 155
thousand 003
thousands of 125
thousandth 411
threefold 615
thrice 450
through 382
throughout 301, 324, 332
time 658
times 153, 171, 283, 450,
          453, 454, 456, 459,
          461-463, 466, 467,
          470, 471, 517, 594
to 146, 554
ton 049
top 428, 429, 444, 490,
          567, 568, 599, 705, 707
total 506, 595, 596
total area 241
total length 207, 209
total pressure 248
towards 304
trillion 006
trillions of 132
trillionth 414
triple 552
twice 449, 452, 454,
            455, 459, 471
twofold 615, 665
typhoon 639

U

under 399, 401, 528
underground 673
underwater 674
unit 043
until 302, 367, 368, 680
up 442

up to 600
upper 430

V

value 163, 613
vary 503
velocity 276, 277
vertex 199
vertices 199
vicinity 136
volt 071
volume 242, 243, 713
vote 627

W

war 633
water content 254
watt 073
watt-hour 075
wavelength 250
weber 100
week 012, 350, 657
weigh 226
weight 224, 225
west 687
wide 217
width 219, 220
winter 335
within 370, 371, 538,
              539, 667, 668
won 027
World War 633
worth 545

Y

yard 038
year 010, 044, 320, 321
yen 021
younger 401
younger than 399, 401
yuan 026

Z

zero 260, 261, 543

著者紹介

安原 和也（やすはら かずや）　名城大学農学部准教授（教養教育部門英語研究室）

1979年，岡山県生まれ。京都大学大学院人間・環境学研究科博士後期課程（言語科学講座）修了。京都大学高等教育研究開発推進機構特定外国語担当講師を経て，2013年4月より現職。専門は，英語学（認知言語学）・学術英語教育（論文英語）。
主要著書に，『英語論文基礎表現717』（2011年，三修社），『認知文法論序説』（共訳，2011年，研究社），『英語論文表現入門』（2011年，大学教育出版），『大学英語教育の可能性』（共編著，2012年，丸善プラネット），『英語論文重要語彙717』（2012年，三 修 社），『Conceptual Blending and Anaphoric Phenomena: A Cognitive Semantics Approach』（2012年，開拓社，第47回市河賞受賞），『基本例文200で学ぶ英語論文表現』（2013年，三修社），『農学英単─BASIC 1800─』（2014年，三修社）などがある。

英語論文数字表現717

2015年8月10日　第1刷発行

著　者　──────　安原和也

発行者　──────　前田俊秀
発行所　──────　株式会社三修社
　　　　　〒150-0001　東京都渋谷区神宮前2-2-22
　　　　　TEL 03-3405-4511　FAX 03-3405-4522
　　　　　振替 00190-9-72758
　　　　　http://www.sanshusha.co.jp/
　　　　　編集担当　斎藤俊樹

印刷製本　──────　萩原印刷株式会社

©Kazuya Yasuhara 2015 Printed in Japan
ISBN978-4-384-05825-3 C1082

DTP　トライアングル
カバーデザイン　峯岸孝之

〈日本複製権センター委託出版物〉
本書を無断で複写複製（コピー）することは，著作権法上の例外を除き，禁じられています。本書をコピーされる場合は，事前に日本複製権センター（JRRC）の許諾を受けてください。
JRRC 〈http://www.jrrc.or.jp　email:info@jrrc.or.jp　Tel:03-3401-2382〉

本書の姉妹編　好評発売中

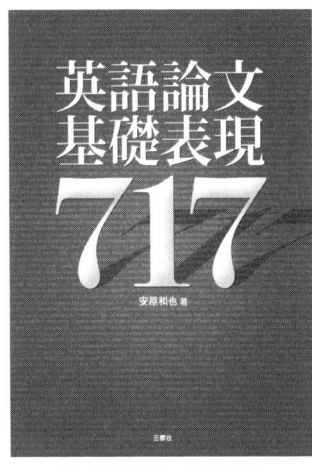

安原和也著
A5 判並製 228 ページ
本体 1,600 円＋税
ISBN978-4-384-03352-6 C1082

▶ 3600 を超える英語論文表現を収録
▶ 多種多様な類似表現や関連表現も充実
▶ 豊富な日英キーワード検索を添付
　［日本語］1000 項目以上
　［英　語］1200 項目以上
▶ 学習用日英対応例文集も添付
▶ 学習用としても参照用としても利用可能

論文初心者の学部学生や大学院生にお薦め
英語によるレポート作成にも便利
大学院入試対策や難関大学受験にも最適

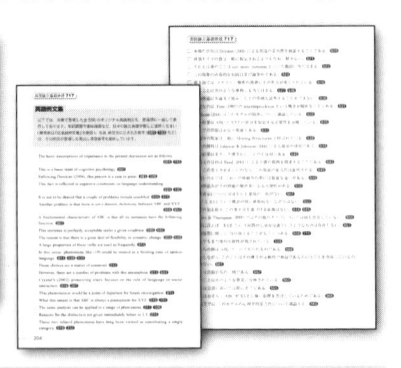

英語学術論文を読解したり執筆したりする際に、どの学術分野の研究者でも必ず知っておかなければならない最低限の英語学術基礎表現をアルファベット順で、コンパクトに且つ網羅的に、そして機能的にまとめた一冊。見出し項目は厳選された 717 項目で、どの学術分野でも使用する可能性が高いと考えられる重要な英語学術表現を中心に選択。見出し項目と置き換えて使用可能な類似表現、見出し項目と接点のある関連表現も豊富に併記。巻末には、英語と日本語の両言語からの豊富なキーワード検索、オリジナル例文を整理した「日本語例文集」と「英語例文集」も収録。

SANSHUSHA

本書の姉妹編　好評発売中

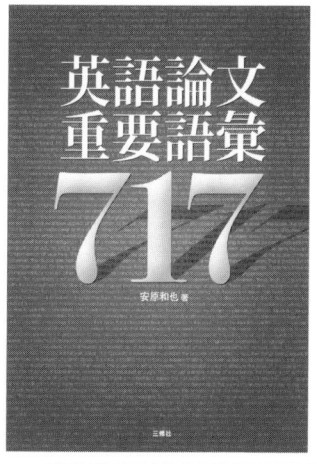

安原和也著

A5 判並製 496 ページ
定価 本体 3,200 円＋税
ISBN978-4-384-04470-6 C1082

▶関連語彙を含めて約 1,800 語を収録
▶論文で使える使用表現例は 10,000 例以上収録
▶豊富な日英キーワード検索を添付
　［日本語］約 5,000 項目
　［英　語］約 2,900 項目

論文初心者の学部学生や大学院生にお薦め
英語によるレポート作成にも便利
大学院入試対策や難関大学受験にも最適

英語学術論文を執筆したり読解したりする際に、どの学術分野の研究者でも必ず知っておかなければならない最低限の基本英単語をアルファベット順で、コンパクトに、網羅的に、そして機能的にまとめた。英語学術論文に関心のある大学生や大学院生が、英語学習の一環として高度な英語表現法を習得するのに必携の一冊。

SANSHUSHA

本書の姉妹編　好評発売中

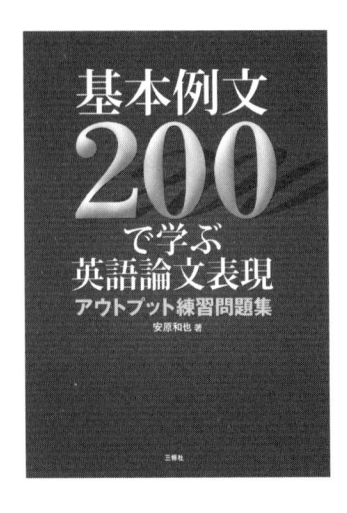

安原和也著

A5 判並製 200 ページ
本体 1,600 円＋税
ISBN978-4-384-05764-5 C1082

- ▶ 『英語論文基礎表現 717』『英語論文重要語彙 717』完全準拠
- ▶ 英語論文表現のインプットではなく、アウトプットに重きをおいた練習問題集
- ▶ 「穴埋め問題 A・B」「語彙記述問題 A・B」「表現和訳問題」「全文和訳問題」「表現英訳問題」「全文英訳問題」各 200 問を解くことで、英語論文の表現力を高める！

「英語論文表現を練習できる何かが欲しい」という読者の声を反映させた一冊

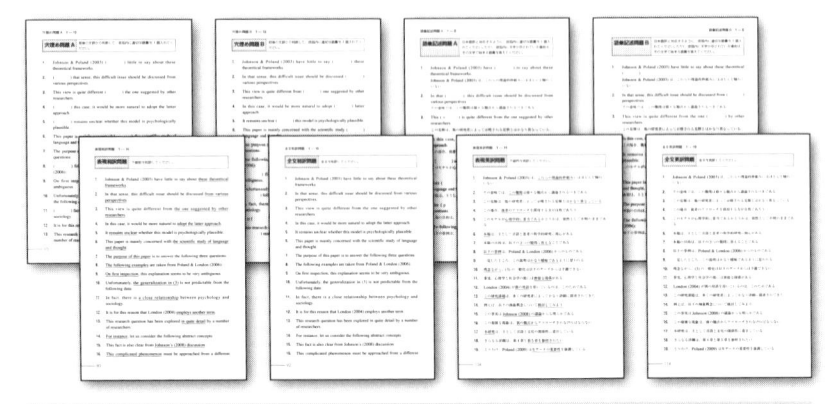

全体で 1600 問の問題にチャレンジする構成になっています。ただし、練習問題において出題される例文は、実はコンパクトで、たったの 200 例文しかありません。浅めの学習をするよりも、たったの 200 例文を出題のフォーカスを切り替えて解くことにより、深めの学習を追及し、英語論文表現の確実な定着に到達することを目的にしています。200 例文とはいえ、そこに埋め込まれている英語論文表現の総数は 200 どころか、その何倍もの数になるでしょうし、「同じことを別の表現で」という観点を含めれば、学習できる表現数はますます増えていくことでしょう。

SANSHUSHA